QUARTA EDIÇÃO

Sergio Pinto
MARTINS

COMISSÃO DE CONCILIAÇÃO PRÉVIA

2020 © Editora Foco

Autor: Sergio Pinto Martins
Editor: Roberta Densa
Diretor Acadêmico: Leonardo Pereira
Revisora Sênior: Georgia Renata Dias
Capa: Leonardo Hermano
Projeto Gráfico e Diagramação: Ladislau Lima e Aparecida Lima
Impressão miolo e capa: GRAFNORTE

Dados Internacionais de Catalogação na Publicação (CIP)

M386c

Martins, Sérgio Pinto

Comissões de conciliação prévia / Sérgio Pinto Martins. - 4. ed. - Indaiatuba, SP : Editora Foco, 2020.

108 p. ; 14cm x 21cm.

Inclui bibliografia e índice.

ISBN: 978-65-5515-122-0

1. Direito trabalhista. 2. Comissões de Conciliação Prévia. I. Título.

2020-1527   CDD 344.01   CDU 34:31

Elaborado por Vagner Rodolfo da Silva – CRB-8/9410
Índice para catálogo sistemático:

1. Direito trabalhista 344.01   2. Direito trabalhista 34:31

DIREITOS AUTORAIS: É proibida a reprodução parcial ou total desta publicação, por qualquer forma ou meio, sem a prévia autorização da Editora Foco, com exceção do teor das questões de concursos públicos que, por serem atos oficiais, não são protegidas como Direitos Autorais, na forma do Artigo 8º, IV, da Lei 9.610/1998. Referida vedação se estende às características gráficas da obra e sua editoração. A punição para a violação dos Direitos Autorais é crime previsto no Artigo 184 do Código Penal e as sanções civis às violações dos Direitos Autorais estão previstas nos Artigos 101 a 110 da Lei 9.610/1998.

NOTAS DA EDITORA:

Atualizações do Conteúdo: A presente obra é vendida como está, atualizada até a data do seu fechamento, informação que consta na página II do livro. Havendo a publicação de legislação de suma relevância, a editora, de forma discricionária, se empenhará em disponibilizar atualização futura. Os comentários das questões são de responsabilidade dos autores.

Bônus ou Capítulo On-line: Excepcionalmente, algumas obras da editora trazem conteúdo extra no on-line, que é parte integrante do livro, cujo acesso será disponibilizado durante a vigência da edição da obra.

Erratas: A Editora se compromete a disponibilizar no site www.editorafoco.com.br, na seção Atualizações, eventuais erratas por razões de erros técnicos ou de conteúdo. Solicitamos, outrossim, que o leitor faça a gentileza de colaborar com a perfeição da obra, comunicando eventual erro encontrado por meio de mensagem para contato@editorafoco.com.br. O acesso será disponibilizado durante a vigência da edição da obra.

Impresso no Brasil (07.2020) • Data de Fechamento (07.2020)

2020
Todos os direitos reservados à
Editora Foco Jurídico Ltda.
Rua Nove de Julho, 1779 – Vila Areal
CEP 13333-070 – Indaiatuba – SP
E-mail: contato@editorafoco.com.br
www.editorafoco.com.br

Trabalhos do autor

1. *Imposto sobre serviços – ISS*. São Paulo: Atlas, 1992.
2. *Direito da seguridade social*. 39. ed. São Paulo: Saraiva, 2020.
3. *Direito do trabalho*. 36. ed. São Paulo: Saraiva, 2020.
4. *A terceirização e o direito do trabalho*. 15. ed. São Paulo: Saraiva, 2018.
5. *Manual do ISS*. 10. ed. São Paulo: Saraiva, 2017.
6. *Participação dos empregados nos lucros das empresas*. 3. ed. São Paulo: Atlas, 2009.
7. *Práticas discriminatórias contra a mulher e outros estudos*. São Paulo: LTr, 1996.
8. *Contribuição confederativa*. São Paulo: LTr, 1996.
9. *Medidas cautelares*. São Paulo: Malheiros, 1996.
10. *Manual do trabalho doméstico*. 14. ed. São Paulo: Saraiva, 2018.
11. *Tutela antecipada e tutela específica no processo do trabalho*. 4. ed. São Paulo: Atlas, 2013.
12. *Manual do FGTS*. 4. ed. São Paulo: Saraiva, 2017.
13. *Comentários à CLT*. 22. ed. São Paulo: Saraiva, 2019.
14. *Manual de direito do trabalho*. 12. ed. São Paulo: Saraiva, 2019.
15. *Direito processual do trabalho*. 42. ed. São Paulo: Saraiva, 2020.
16. *Contribuições sindicais*. 5. ed. São Paulo: Atlas, 2009.
17. *Contrato de trabalho de prazo determinado e banco de horas*. 4. ed. São Paulo: Atlas, 2002.
18. *Estudos de direito*. São Paulo: LTr, 1998.
19. *Legislação previdenciária*. 22. ed. São Paulo: Saraiva, 2016.
20. *Síntese de direito do trabalho*. Curitiba: JM, 1999.
21. *A continuidade do contrato de trabalho*. 2ª ed. São Paulo: Saraiva, 2019.
22. *Flexibilização das condições de trabalho*. 5. ed. São Paulo: Atlas, 2015.
23. *Legislação sindical*. São Paulo: Atlas, 2000.
24. *Comissões de conciliação prévia*. 3. ed. São Paulo: Atlas, 2008.
25. *Fundamentos de direito processual do trabalho*. 19. ed. São Paulo: Saraiva, 2016.
26. *Instituições de direito público e privado*. 18. ed. São Paulo: Saraiva, 2018.

27. *Fundamentos de direito do trabalho.* 17. ed. São Paulo: Saraiva, 2016.
28. *Fundamentos de direito da seguridade social.* 17. ed. São Paulo: Saraiva, 2016.
29. *O pluralismo do direito do trabalho.* 2. ed. São Paulo: Saraiva, 2016.
30. *Greve no serviço público.* 2. ed. São Paulo: Saraiva, 2017.
31. *A execução da contribuição previdenciária na justiça do trabalho.* 5. ed. São Paulo: Saraiva, 2019.
32. *Manual de direito tributário.* 18. ed. São Paulo: Saraiva, 2019.
33. *CLT Universitária.* 24. ed. São Paulo: Saraiva, 2019.
34. *Cooperativas de trabalho.* 5. ed. São Paulo: Atlas, 2014.
35. *Reforma previdenciária.* 3. ed. São Paulo: Atlas, 2020.
36. *Manual da justa causa.* 7. ed. São Paulo: Saraiva, 2018.
37. *Comentários às súmulas do TST.* 16. ed. São Paulo: Saraiva, 2016.
38. *Constituição. CLT. Legislação previdenciária e legislação complementar.* 3. ed. São Paulo: Atlas, 2012.
39. *Dano moral decorrente do contrato de trabalho.* 5. ed. São Paulo: Saraiva, 2019.
40. *Profissões regulamentadas.* 2. ed. São Paulo: Atlas, 2013.
41. *Direitos fundamentais trabalhistas.* 2. ed. São Paulo: Atlas, 2015.
42. *Convenções da OIT.* 3. ed. São Paulo: Saraiva, 2016.
43. *Estágio e relação de emprego.* 5. ed. São Paulo: Saraiva, 2019.
44. *Comentários às Orientações Jurisprudenciais da SBDI-1 e 2 do TST.* 7. ed. São Paulo: Saraiva, 2016.
45. *Direitos trabalhistas do atleta profissional de futebol.* 2. ed. São Paulo: Saraiva, 2016.
46. *Prática trabalhista.* 9. ed. São Paulo: Saraiva, 2019.
47. *Assédio moral.* 5. ed. São Paulo: Saraiva, 2019.
48. *Comentários à Lei nº 8.212/91. Custeio da Seguridade Social.* São Paulo: Atlas, 2013.
49. *Comentários à Lei nº 8.213/91. Benefícios da Previdência Social.* São Paulo: Atlas, 2013.
50. *Prática previdenciária.* 5. ed. São Paulo: Saraiva, 2019.
51. *Teoria geral do processo.* 4. ed. São Paulo: Saraiva, 2019.
52. *Teoria geral do Estado.* 2. ed. São Paulo: Saraiva, 2018.
53. *Reforma trabalhista.* São Paulo: Saraiva, 2018.
54. *Introdução ao estudo do direito.* São Paulo: Saraiva, 2018.

Sumário

TRABALHOS DO AUTOR	III
NOTA DO AUTOR	IX
1. HISTÓRICO	1
2. DENOMINAÇÃO, DISTINÇÃO	7
3. NATUREZA JURÍDICA	9
4. VANTAGENS E DESVANTAGENS	11
4.1 Vantagens	11
4.2 Desvantagens	12
5. CONSTITUIÇÃO	13
5.1 Espécies	13
5.2 Constituição	13
6. COMPOSIÇÃO	17
7. GARANTIA DE EMPREGO	21
7.1 Denominação	21
7.2 Garantia de emprego	23
7.3 Inquérito para apuração de falta grave	24
7.4 Interrupção do contrato de trabalho	25
8. COMISSÕES SINDICAIS	27
9. NÚCLEOS INTERSINDICAIS	29

10. CONDIÇÃO DA AÇÃO	33
10.1 Condição da ação	33
10.2 Falta de acordo na audiência	39
11. MATÉRIA	41
12. CUSTOS	45
13. PROCEDIMENTOS	49
14. EFICÁCIA LIBERATÓRIA	59
14.1 Introdução	59
14.2 Assistência na rescisão contratual	59
14.3 Súmula 41 do TST	61
14.4 Súmula 330 do TST	62
14.5 Eficácia liberatória	68
14.6 Contribuição previdenciária	72
15. PRAZO PRESCRICIONAL	73
16. VIGÊNCIA	75
17. DIREITO INTERNACIONAL E ESTRANGEIRO	77
17.1 Direito internacional	77
17.1.1 OIT	77
17.2 Direito estrangeiro	78
17.2.1 Argentina	78
17.2.2 Espanha	78
17.2.3 Estados Unidos	79
17.2.4 Finlândia	79
17.2.5 França	79
17.2.6 Grã-Bretanha	80
17.2.7 Itália	80

17.2.8 Portugal 81
17.2.9 Suíça 82
17.2.10 Suécia 83
17.2.11 Uruguai 83

CONCLUSÃO 85

APÊNDICE DE LEGISLAÇÃO 87
    LEI 9.958, DE 12 DE JANEIRO DE 2000 87

BIBLIOGRAFIA 91

ÍNDICE REMISSIVO 95

NOTA DO AUTOR

Em um seminário do qual participei, sobre o tema objeto do presente livro, promovido pelo IOB Informações Jurídicas Ltda., em São Paulo, uma advogada (não sei seu nome) indagou sobre a possibilidade de escrever um livro sobre comissões de conciliação prévia e procedimento sumaríssimo. Disse-lhe, na oportunidade, que não tinha um texto com várias páginas para que fosse feito um livro. Entretanto, à medida que fui estudando os assuntos e participando de várias palestras sobre o tema, como em Sertãozinho (SP), Goiânia, Curitiba, Porto Alegre, Londrina (PR), Salvador, Mogi das Cruzes (SP), São Paulo, Brasília, em que os debates sempre acrescentaram novas questões, o texto foi aumentando até chegar ao presente livro. Disse à advogada, na ocasião, que, se fizesse o livro, seria a ela dedicado. Estou, assim, cumprindo minha promessa.

Preferi fazer uma exposição didática dos temas e não comentários aos artigos, de forma que melhor que melhor se possa entender o instituto.

Nesta 4ª edição foram feitas alterações decorrentes do CPC de 2015 e da Lei n.º 13.467/17.

1
Histórico

O Livro III, Título XX, § 1º das Ordenações do Reino previa que "no começo da demanda dirá o juiz a ambas as partes, que antes que façam despesas, e sigam entre elas ódios e dissensões, se devem concordar, e não gastar suas fazendas por seguirem suas vontades, porque o vencimento da causa sempre é duvidoso. E isto, que dizemos, de reduzirem as partes a concórdia, não é de necessidade, mas somente honestidade nos casos, em que o bem puderem fazer".

O artigo 161 da Constituição de 1824 previa que "sem se fazer constar se tem intentado o meio de reconciliação, não se começará processo algum".

Previa o Regulamento 737, de 1850, que nenhuma causa comercial será proposta em juízo contencioso, sem que previamente se tenha tentado o meio de conciliação, ou por ato judicial, ou por comparecimento voluntário das partes.

O art. 23 do Regulamento 737 estabelecia a necessidade de conciliação prévia. Somente em 1890, com o Decreto 359, foi abolida a tentativa de conciliação obrigatória.

Em 1932 foram criadas as Comissões Mistas de Conciliação. O objetivo era a conciliação das questões individuais e coletivas do trabalho.

Prevê o artigo 621 da CLT que as convenções e os acordos coletivos poderão incluir entre suas cláusulas disposição sobre a constituição e funcionamento de comissões mistas e colaboração, no plano da empresa.

A criação de Comissões de Conciliação Prévia, assim como dos juizados especiais de pequenas causas trabalhistas, é uma reivindicação antiga da doutrina, de forma a tentar desafogar a Justiça do Trabalho do excessivo número de processos. Na década de 60, foram propostas 3.333.214 ações. Na década de 70, 4.827.884 ações. Na década de 80, 9.091.374 ações. De 1990 a 1995, 8.911.179 ações.

As estatísticas do TST mostram o número de processos por ano;

2019 3.377.013
2018 3.221.457
2017 3.962.945
2016 3.957.179
2015 3.790.780
2014 3.501.690
2013 3.493.224
2012 3.286.341
2011 3.069.489
2010 2.899.647

Ano	Processos		
	Autuados	Julgados	Resíduo
2007	2.606.614	2.580.396	1.418.029
2006	2.456.318	2.368.212	1.391.769
2005	2.400.364	2.268.279	1.314.642
2004	2.197.675	2.180.078	1.222.762
2003	2.299.764	2.195.470	1.188.766
2002	2.113.533	2.104.820	1.072.390
2001	2.272.312	2.380.741	1.062.341
2000	2.266.403	2.398.884	1.131.046
1999	2.399.564	2.461.270	
1998	2.475.630	2.453.948	
1997	2.441.272	2.421.519	
1996	2.396.040	2.281.044	
1995	2.283.432	2.119.917	
1994	2.048.944	2.067.129	
1993	1.882.388	1.816.164	

1 • HISTÓRICO

Ano	Processos		
	Autuados	Julgados	Resíduo
1992	1.799.992	1.540.851	
1991	1.730.090	1.437.422	
1990	1.399.332	1.203.089	
1989	1.267.473	1.092.295	
1988	1.044.469	952.509	
1987	959.284	883.903	
1986	911.561	835.486	
1985	919.961	857.362	
1984	884.592	841.883	
1983	837.588	758.425	
1982	787.471	731.075	
1981	803.173	724.346	
1980	748.985	674.516	
1979	671.400	602.046	
1978	582.622	528.934	
1977	551.573	504.629	
1976	483.368	452.869	
1975	476.292	445.679	
1974	454.004	424.539	
1973	376.924	359.199	
1972	336.625	339.790	
1971	398.596	376.446	
1970	496.480	464.752	
1969	491.985	505.316	
1968	438.303	427.770	
1967	388.794	402.599	
1966	541.396	320.766	
1965	334.854	331.478	
1964	295.882	298.182	
1963	297.381	270.213	
1962	211.920	187.440	
1961	176.529	168.717	
1960	156.170	143.302	

Ano	Processos		Resíduo
	Autuados	Julgados	
1959	157.193	150.717	
1958	131.843	142.728	
1957	145.692	152.444	
1956	122.209	110.608	
1955	121.683	100.653	
1954	102.253	91.448	
1953	134.554	106.540	
1952	93.626	82.939	
1951	86.122	85.665	
1950	74.096	73.487	
1949	77.882	70.740	
1948	58.743	58.678	
1947	67.585	73.490	
1946	68.303	65.586	
1945	50.588	43.696	
1944	40.440	38.716	
1943	27.960	30.214	
1942	24.951	24.140	
1941	19.189	10.024	

A criação das comissões ou juizados especiais serviria como espécies de filtros, diminuindo o número de ações trabalhistas que seriam ajuizadas.

Os atuais sistemas de solução dos conflitos trabalhistas não atendem às necessidades de rápida prestação jurisdicional, daí a necessidade da criação de meios alternativos para esse fim, principalmente quando são oriundos das próprias partes, sem que haja a imposição da solução pelo Poder Judiciário.

Mister se faz mudar a concepção cultural do brasileiro de ser reticente, de ter desconfiança ou aversão a procedimentos extrajudiciais de solução de conflitos.

A maioria das reclamações trabalhistas não é complexa, sendo que em torno de 60% delas resulta em acordo. Há estatísticas que indicam que na primeira audiência há acordos, em média, de 40% das ações trabalhistas, porque os empregados preferem resolver a questão naquele momento, mesmo abrindo mão de direitos, do que ter de esperar muito tempo até a próxima audiência ou sentença. A maior parte delas têm baixo valor, de modo que o custo do processo é muito mais elevado do que o valor postulado pelo empregado. Daí a necessidade de mecanismos alternativos de solução de conflitos trabalhistas, como as Comissões de Conciliação Prévia.

Havia necessidade da criação de mecanismos alternativos de solução de conflitos trabalhistas, como as Comissões de Conciliação Prévia, o que foi feito pela Lei 9.958/00, pois o sistema judicial não atende às necessidades da rápida prestação jurisdicional. É perfeitamente possível tentar a conciliação num órgão privado para desafogar a Justiça do Trabalho de processos.

O TST estava preocupado com o número muito grande de ações trabalhistas propostas na Justiça do Trabalho todos os anos. Foi constituída comissão no início do ano de 1998, composta pelos Ministros Vantuil Abdala, José Luciano de Castilho Pereira e João Oreste Dalazen, com a finalidade de apresentar proposta de mudança no processo do trabalho. Em abril de 1998, foi remetido à Presidência do TST o projeto dispondo sobre as Comissões de Conciliação Prévia, nas empresas que tivessem mais de 50 empregados.

O projeto original previa a obrigatoriedade da instituição das comissões nas empresas com mais de 50 empregados. A facultatividade das comissões foi estabelecida na Comissão do Trabalho da Câmara dos Deputados.

O Projeto de Lei 3.118/92, do deputado Victor Faccioni, tinha como justificava "filtrar o pesado ônus da conciliação e julgamento sem ... custo para a União".

A Presidência da República encampou o referido projeto, encaminhando-o à Câmara dos Deputados, por meio da mensagem 500, de 28 de julho de 1998. Esta resultou no projeto de Lei 4.694/98, posteriormente convertido na Lei 9.958, de 12-1-2000, que acrescentou os arts. 625-A a 625-H à CLT, estabelecendo regras sobre as Comissões de Conciliação Prévia.

O acréscimo de letras junto aos artigos tem por objetivo inicial evitar a renumeração de artigos, modificação de títulos e capítulos. É a forma de atender ao disposto na alínea *b* do inciso III do art. 12 da Lei Complementar nº 95/98.

No Congresso Nacional, existe discussão a respeito da instituição dos juizados especiais trabalhistas de pequenas causas, assim como já existem os cíveis e de crimes de menor repercussão (Lei 9.099), além dos juizados especiais federais, para determinadas causas propostas contra a União.

A Portaria 264, de 5 de junho de 2002, já havia fixado normas para o acompanhamento e levantamento de dados relacionados ao funcionamento das Comissões de Conciliação Prévia, bem como para a fiscalização do trabalho quanto ao FGTS e contribuições sociais em decorrência de conciliação.

Estabeleceu a Portaria 329, de 14 de agosto de 2002, procedimentos para a instalação e o funcionamento das Comissões de Conciliação Prévia e Núcleos Intersindicais de Conciliação Trabalhista.

Foi editada a Portaria 329 em razão de uma série de abusos que vinham sendo cometidos pelos envolvidos nas Comissões. Determinou alguns limites que são bastante razoáveis e deveriam ser observados.

2
Denominação, distinção

Comissão vem do latim *comissio*, de *comittere*. No Direito Administrativo diz respeito ao exercício de cargo de confiança do administrador. No Direito Comercial e do Trabalho diz respeito à remuneração do trabalhador autônomo ou empregado vendedor. Comissão é uma reunião de pessoas para certo fim.

Conciliação vem do latim *conciliatio*, conciliatione, de *conciliare*. Tem o sentido de ajustar, conciliar, ajuste, acordo ou harmonização de pessoas desavindas, composição ou combinação

O conciliador é um terceiro que nem faz propostas ou mediação, apenas aproxima as partes. As próprias partes depois chegam à conciliação. A conciliação tanto pode ser judicial, como extrajudicial. A mediação, geralmente, é extrajudicial.

Distinguem-se as comissões das Cipas. Estas têm a finalidade de prevenir acidentes. As Comissões de Conciliação visam prevenir o ajuizamento de reclamações trabalhistas, fomentando a conciliação. As Cipas são obrigatórias. As comissões são facultativas.

Não se confunde a comissão de conciliação com Comissão ou Câmara de Arbitragem, que têm por objetivo julgar determinada questão.

A conciliação, quanto à forma que é feita, pode ser:

a. judicial: é a realizada em juízo, perante o magistrado;
b. extrajudicial: pode ser realizada na empresa, no sindicato de empregados, entre sindicatos, etc.;
c. extrajudicial e judicial: em que existem mecanismos extrajudiciais de conciliação e ao mesmo tempo a possibilidade de se ajuizar a ação para a discussão da questão trabalhista.

Quanto à vontade, a conciliação pode ser:

a. facultativa: fica a cargo das partes a instituição da forma de conciliação. O sistema instituído pela Lei 9.957 determina um sistema facultativo de conciliação, pois as empresas podem criar ou não a Comissão de Conciliação;

b. obrigatória: a lei determina que a conciliação deve ser tentada antes de ser proposta a ação trabalhista.

A CLT tem vários dispositivos que exigem a conciliação. O art. 764 esclarece que os dissídios individuais ou coletivos submetidos à apreciação da Justiça do Trabalho serão sempre sujeitos à conciliação. Os juízes e tribunais empregarão seus bons ofícios e persuasão no sentido de uma solução conciliatória dos conflitos (§ 1º do art. 764). Inexistindo acordo, o juízo conciliatório transforma-se em arbitral (§ 2º do art. 764). Mesmo após encerrado o juízo conciliatório, as partes poderão celebrar acordo para pôr fim ao processo (§ 3º do art. 764). Em dois momentos, a conciliação é obrigatória: antes da contestação (art. 846) e após as razões finais (art. 850). Uma das funções principais dos juízes classistas (quando existirem) é aconselhar as partes à conciliação (art. 667, *b*, da CLT). A alínea *a* do inciso do art. 514 da CLT prevê que são deveres dos sindicatos promover a conciliação nos dissídios do trabalho. A alínea a do inciso I do art. 678 mostra que cabe ao Tribunal Pleno do TRT conciliar dissídios coletivos. Compete ao Presidente do TRT presidir às audiências de conciliação nos dissídios coletivos (art. 682, V). Indica o art. 860 que recebia e protocolada a representação, o Presidente do TRT designa audiência de conciliação. No procedimento sumaríssimo, aberta a sessão, o juiz esclarecerá as partes presentes sobre as vantagens da conciliação e usará os meios adequados de persuasão para a solução conciliatória de litigio, em qualquer audiência (art. 852-E).

3
NATUREZA JURÍDICA

A natureza jurídica das Comissões de Conciliação Prévia é de mediação. Seu objetivo é de conciliar dissídios individuais entre empregado e empregador e não dizer o direito aplicável ao litígio, como ocorre na arbitragem. As comissões não decidem, nem devem "homologar" a rescisão do contrato de trabalho.

As Comissões têm natureza de órgão privado, de solução de conflitos extrajudiciais, e não público.

Trata-se de um meio alternativo de solução conciliatória de dissídios individuais trabalhistas. Ela valoriza a vontade das partes ao fazerem a conciliação, sem imposição de decisão por parte do Estado.

A Comissão está inserida na CLT no Título VI – Das convenções coletivas de trabalho. As Comissões de Conciliação Prévia não estão inseridas no Direito Coletivo do Trabalho, mas no Direito Processual do Trabalho, pois representam uma forma de solução do conflito trabalhista, até porque ao serem solucionados dirão respeito normalmente a uma pessoa. Apenas a negociação será coletiva para as comissões sindicais e para os Núcleos Intersindicais.

Acertado o artigo 7º da Portaria ao mencionar que a Comissão deve se abster de utilizar, nos seus documentos, símbolos oficiais, como o selo e as armas da República, que são de uso exclusivo da Administração Pública federal, de acordo com a Lei 5.700, de 1º de setembro de 1971.

Havia comissões que se utilizavam de símbolos oficiais, como o selo e as armas da República. Há comissões e tribunais arbitrais que mencionavam nos seus papéis que pertenciam ao Poder Judiciário. São, porém, tais instituições órgãos de natureza privada e não pública. Não pertencem ao Poder Judiciário. Logo, não podem usar documentos com timbres ou símbolos oficiais.

4
VANTAGENS E DESVANTAGENS

4.1 VANTAGENS

Com a retirada da palavra conciliar do artigo 114 da Constituição da competência da Justiça do Trabalho, em decorrência da nova redação determinada ao artigo pela Emenda Constitucional 45/94, é possível dar mais um fundamento da existência das Comissões, que têm por objetivo conciliar extrajudicialmente os conflitos.

As comissões sindicais podem ter melhores condições de trabalho, sendo retirado o conflito do âmbito da empresa, evitando o atrito normal que existe entre empregado e empregador e a hipótese de o último exercer coação econômica sobre o primeiro.

Os empregadores talvez terão grande interesse na criação de Comissões no âmbito da empresa, de modo que o termo de conciliação produza a eficácia liberatória geral e o empregado não mais possa reclamar qualquer valor na Justiça do Trabalho. O objetivo será a quitação total, inclusive do contrato de trabalho. Seria, assim, estabelecida uma quitação ampla, geral e irrestrita.

A Justiça do Trabalho pode ser beneficiada com o funcionamento das comissões, pois o número de reclamações trabalhistas pode diminuir em razão das conciliações que forem realizadas. Se isso ocorrer, a Justiça Laboral irá julgar casos mais complexos ou que não sejam objeto de conciliação.

A solução do conflito trabalhista na Comissão é mais rápida, pois é feita no prazo de 10 dias. No processo trabalhista pode levar 10 anos se o processo for até o TST.

Para a empresa, há redução de custos, decorrente da contratação de advogado e acompanhamento de processo na Justiça do Trabalho.

O passivo trabalhista da empresa pode ter uma diminuição considerável, pois os conflitos serão resolvidos na própria empresa ou no sindicato. Haverá diminuição de custos com isso, por não haver necessidade de contratação de advogado para a empresa se defender, da perda de tempo com audiências. Certo banco já observou esse fato ao fazer conciliação prévia na empresa. Houve considerável diminuição do número de reclamações trabalhistas ajuizadas pelos empregados. O custo da comissão é muito menor do que contratar advogado para cuidar do processo, pagar perícia, custas, do tempo perdido, representando economia.

Os conciliadores têm experiência para conseguir os acordos.

4.2 DESVANTAGENS

Pode haver coação para o empregado aceitar a conciliação.

Alguns empregados vão à Comissão, mas nem mesmo sabem o que estão ali fazendo e que tipo de órgão é aquele. Pensam que se trata da Justiça do Trabalho.

Se houver muitas conciliações a fazer, os empregados pertencentes à comissão poderão deixar de desenvolver suas atividades normais por muito tempo, diminuindo sua produtividade e aumentando os custos da empresa, pois a empresa será obrigada a pagar o tempo em que o empregado estiver participando da comissão de conciliação.

Os membros da comissão podem não ter qualquer experiência na conciliação, não conseguindo os fins almejados da conciliação.

O representante dos empregados pode ficar constrangido na conciliação em relação a interesses do empregador.

5
Constituição

5.1 ESPÉCIES

As comissões podem ser divididas em:
a. de empresa, que são instituídas apenas no âmbito da empresa;
b. de grupo de empresas, em que há várias empresas pertencentes ao mesmo grupo econômico;
c. sindical, que são feitas apenas no sindicato de empregados ou de empregadores;
d. intersindical, em que sua criação é feita por mais de um sindicato, podendo ser de empregados e de empregadores.
e. núcleos de conciliação intersindical. São criados por sindicatos pertencentes a categorias diversas por meio de negociação coletiva.

Em 16.11.2003 havia no país 1.273 Comissões instaladas, das quais 949 de composição intersindical, 306 envolvendo empresa e sindicato de trabalhadores, 14 por grupo de empresas e quatro de empresa.

5.2 CONSTITUIÇÃO

As empresas e os sindicatos podem instituir comissões de conciliação, de composição paritária, com representantes dos empregados e dos empregadores, com a atribuição de tentar conciliar os conflitos individuais do trabalho (art. 625-A da CLT).

A hipótese prevista no art. 625-A da CLT não representa a aplicação do art. 11 da Constituição, em que nas empresas com mais de 200 empregados é assegurada a eleição de um representante destes com a finalidade exclusiva de promover o entendimento direto com os empregadores. A redação da lei não mais se refere a empresas com mais de 200 empregados, nem o obreiro vai ser eleito para promover o entendimento direto com os empregadores. Na verdade, foi instituído um sistema de conciliação dentro da própria empresa ou no sindicato. Não se confunde, portanto, a previsão da CLT com a determinação do art. 11 da Lei Magna.

O fator positivo da norma é que o conflito pode ser resolvido na própria empresa e não irá para a Justiça do Trabalho, sendo uma espécie de filtro. Pode diminuir o número de processos na Justiça do Trabalho em função do efetivo funcionamento das comissões. Algumas empresas tinham instituído uma espécie de comissão de conciliação, que diminuiu muito as reclamações trabalhistas e o custo com tais ações.

A proposta inicial era de que as comissões seriam instituídas em todas as empresas públicas e privadas, além dos entes públicos que contratassem empregados regidos pela CLT, desde que tivessem mais de 50 empregados. O Ministério do Trabalho e do Emprego iria promover a tentativa de conciliação dos trabalhadores das empresas que tivessem menos de 50 trabalhadores.

No Projeto 4.694/98 foram feitas as seguintes alterações: o número de membros da comissão foi reduzido de quatro para dois; o mandato dos membros das comissões foi reduzido de dois para um ano; passou a haver fiscalização do processo eleitoral dos representantes dos empregados pelo sindicato da categoria profissional.

Posteriormente, passou-se a exigir que as empresas tivessem mais de 200 empregados.

Atualmente, a CLT não indica um número mínimo de empregados para que a comissão possa ser instituída.

Inicialmente, o projeto de lei determinava que a criação das comissões era obrigatória. O substitutivo votado em 21-10-1999 tornou as comissões facultativas nas empresas e sindicatos, podendo ser formadas em grupos de empresas ou ter caráter intersindical.

A lei não obriga à constituição das comissões, pois emprega o verbo poder. Isso quer dizer que a instituição das comissões é facultativa.

Não se pode dizer que a lei é inconstitucional pelo fato de a criação das comissões ser facultativa e algumas empresas ou sindicatos instituírem as comissões e outras não. A lei não está discriminando as pessoas, pois a criação das comissões fica ao livre alvedrio dos interessados. O *caput* do art. 5º da Lei Magna estabelece que a lei não poderá determinar distinção de qualquer natureza, que não está ocorrendo no art. 625-A da CLT.

Visa o art. 625-A da CLT conciliar os conflitos individuais do trabalho. Não há previsão específica da instituição das comissões para conflitos coletivos, que continuarão a ser resolvidos por mediação, arbitragem, convenção, acordo ou dissídio coletivo.

As comissões citadas poderão ser constituídas por grupos de empresas ou ter caráter intersindical. Não serão, portanto, instituídas apenas nas empresas. Mesmo assim, há faculdade da criação das comissões nos grupos de empresas ou elas podem ter caráter intersindical. A instituição das Comissões por grupos de empresas pode ter um custo menor, pois o empregador é o grupo (§ 2º do art. 2º da CLT). O mesmo pode-se observar em relação às comissões criadas no sindicato, pois muitas empresas, ou por terem poucos empregados ou por não terem interesse, não irão criar as comissões.

O projeto original previa que as comissões deveriam ser instaladas em 60 dias a partir da vigência da lei. Havia multa diária de um salário mínimo, duplicada a cada 10 dias. O último substitutivo previa multa diária de 10 UFIR, sendo aplicada pelo Ministério do Trabalho. Na redação da lei não há prazo para a criação das comissões, por serem facultativas, nem multa caso não sejam criadas.

As comissões instituídas no âmbito da empresa ou dos grupos de empresas não precisam de negociação coletiva para ser criadas, mas de livre estabelecimento por parte do empregador, sem que haja qualquer forma prevista em lei para a validade do ato jurídico. Logo, não é inconstitucional a nova norma, pois não viola o inciso VI do art. 8º da Lei Maior. Basta o empregador estabelecer as regras respectivas, fazendo, por exemplo, um estatuto ou colocando-as no regulamento da empresa. O essencial será o requisito publicidade, para dar validade a seu conteúdo.

Poderão as comissões empresariais ter um estatuto que estabeleça qual o prazo de existência da comissão e demais regras a ser aplicáveis. É possível que sejam estabelecidas por prazo indeterminado. Se o empregador não tem certeza da viabilidade da comissão, deve constituí-la por prazo determinado, coincidindo com a garantia de emprego dos membros da comissão dos empregados, de modo que estes não tenham prejuízo.

As comissões são órgãos de natureza privada. Não têm personalidade jurídica. Não são registradas em nenhum órgão.

Os núcleos são órgãos de natureza privada. Podem, se as partes quiserem, ser registrados nos Cartórios de Documentos para efeito de publicidade.

Poderão as comissões empresariais ter um estatuto que estabeleça qual o prazo de existência da comissão e demais regras a ser aplicáveis. É possível que sejam estabelecidas por prazo indeterminado. Se o empregador não tem certeza da viabilidade da comissão, deve constituí-la por prazo determinado, coincidindo com a garantia de emprego dos membros da comissão dos empregados, de modo que estes não tenham prejuízo. Em geral, serão estabelecidas por prazo indeterminado.

Como o mandato do membro da Comissão é de um ano, a Comissão deve durar pelo menos um ano.

As Comissões sindicais terão a validade determinada nos acordos ou convenções coletivas, sendo que o prazo máximo de vigência é de dois anos (§ 3º do art. 614 da CLT).

6
Composição

Determina o art. 625-A da CLT que as comissões têm composição paritária. Isso quer dizer que terão representantes de empregados e empregadores.

Será a Comissão composta de, no mínimo, dois e, no máximo, dez membros (art. 625-B da CLT). O número mínimo será de dois membros. Não poderá, portanto, funcionar com apenas um membro, pois, do contrário, seria uma imposição dessa pessoa, como uma espécie de árbitro. O número máximo de membros será de dez, porém poderá ser inferior a esse número. Não poderá, contudo, ter mais de dez membros, segundo a lei. Empresas que tiverem apenas um empregado não terão como instalar a comissão, salvo se a comissão tiver o próprio empregado e um membro qualquer indicado pelo empregador, que não seja seu empregado.

Apenas as Comissões de empresa ou de grupo de empresas é que terão entre dois a dez membros. As Comissões sindicais e intersindicais terão os membros definidos na norma coletiva.

Metade dos membros da comissão será indicada pelo empregador e a outra metade eleita pelos empregados, em escrutínio secreto, fiscalizado pelo sindicato da categoria profissional. Não haverá, necessariamente, um presidente da comissão, mas será conveniente sua existência para dirigir os trabalhos.

Na eleição dos membros da comissão na empresa, o empregador apenas dará notícia ao sindicato para a fiscalização da eleição, mediante aviso de recebimento.

A forma de escolha dos membros é semelhante à da Cipa, em que o empregador indica membros e os empregados elegem outros.

Em relação aos membros dos empregados, será feita ata da respectiva eleição.

O empregador não irá tolerar que os membros dos empregados sejam de fora da empresa, até porque não teriam garantia de emprego. Logo, devem ser empregados da própria empresa.

Os membros do empregador não precisarão ser necessariamente empregados, pois a lei nada menciona nesse sentido, tanto que emprega a palavra *membros*.

Os membros do empregador poderiam ser também eleitos, se assim ficar deliberado por ele.

A forma de eleição da comissão será por escrutínio secreto e não por aclamação, visando à eleição dos empregados que irão integrá-la.

A partir de 16 anos, que é a idade mínima para o trabalho, o empregado poderá pertencer à comissão (art. 7º, XXXIII, da Constituição), que é a idade estabelecida para o trabalho. Se o menor é trabalhador, pode participar da comissão, não sendo necessário ser assistido por seus pais, pois não há exceção para esse fim na lei. Entretanto, é recomendável que não existam menores de 21 anos na comissão, justamente para não se discutir sua capacidade de participar da comissão e a nulidade do ato, caso haja essa participação.

Os aposentados poderão ser membros nas comissões sindicais. Não poderão ser membros nas comissões das empresas, salvo se forem ainda empregados da empresa ou então o empregador assim os indicar. O aposentado teria uma experiência positiva a trazer para a empresa, além de ter mais tempo disponível.

A lei nada dispõe se poderão existir parentes na comissão. Assim, haverá essa possibilidade. Melhor será que não existam parentes na comissão, visando que eles não fiquem em conluio para decidir de forma contrária ao direito de outra pessoa.

Os conciliadores têm a finalidade de incentivar a realização de acordo entre as partes, equilibrar a desigualdade das partes, evitar a imposição da vontade do empregador, esclarecer as partes sobre as vantagens e desvantagens da transação, de persuadir as partes à solução negociada do conflito.

A comissão, no âmbito da empresa, não precisa de negociação coletiva para ser estabelecida. Melhor que ela tenha um estatuto, que estabeleça qual o prazo de existência de comissão e demais regras aplicáveis.

Não precisará a comissão ter necessariamente representantes do sindicato, pois a lei nada dispõe nesse sentido, sendo a função do sindicato apenas de fiscalizar a comissão e não participar da referida comissão.

Os empregados não precisarão ser sindicalizados, pois a função do sindicato é apenas fiscalizar a eleição e não participar da comissão.

Haverá, na comissão, tantos suplentes quantos forem os representantes titulares.

O suplente deveria substituir o membro titular para o qual foi eleito, porém poderá haver regra a respeito do assunto, como no estatuto, no regulamento da empresa ou na norma coletiva.

No projeto original, o mandato dos membros da comissão era de dois anos. A previsão atual da lei é de que o mandato de seus membros, titulares e suplentes seja de um ano, permitida uma recondução. É vedada, portanto, mais de uma recondução. Assim, o mandato total pode ser de no máximo dois anos.

Não existe necessariamente a necessidade de se eleger, entre os integrantes, um presidente e um secretário. A lei nada dispõe nesse sentido, porém a empresa poderá assim fazer ou a norma coletiva da categoria assim determinar.

Em relação a cada empresa, poderá haver uma diferenciação muito grande quanto ao nível de organização.

7
GARANTIA DE EMPREGO

7.1 DENOMINAÇÃO

É vedada a dispensa dos representantes dos empregados membros da comissão de conciliação prévia, titulares e suplentes, até um ano após o final do mandato, salvo se cometerem falta grave, nos termos da lei (§ 1º do art. 625-B da CLT).

Qualquer pessoa tem por objetivo estabilidade econômica. O Estado tem obrigação de proporcionar regras de segurança social, inclusive para os trabalhadores. Uma forma de estabilidade econômica seria a instituição de uma política de emprego por intermédio do governo. O seguro-desemprego também é uma forma da manutenção da estabilidade econômica do empregado, justamente quando é dispensado. O FGTS também não deixa de o ser, pois forma uma poupança para o trabalhador, que poderá ser sacada nas hipóteses previstas em lei, principalmente quando o trabalhador é dispensado. Amauri Mascaro Nascimento define estabilidade econômica como "o conjunto de atos visando a eliminar a insegurança econômica do trabalhador, cercando-o de garantias para que a sua subsistência não sofra maiores abalos" (1994:400). Representa a estabilidade econômica um meio econômico de garantir renda mínima ao trabalhador.

Estabilidade jurídica diz respeito à impossibilidade de dispensa do empregado, salvo nas hipóteses indicadas na lei.

A garantia de emprego é algo mais amplo do que a estabilidade. É o gênero, que compreende a estabilidade. Envolve a garantia de emprego a obtenção do primeiro emprego, a manutenção do emprego e o fato de o empregado conseguir outro quando é dispensado. Tem a garantia de emprego relação com a política de emprego. O art. 429 da CLT obriga o empregador a ter aprendizes, mas não se trata de norma relativa à estabilidade, mas de garantia de emprego. O art. 93 da Lei 8.213 também pode ser considerado como hipótese de garantia de emprego, ao estabelecer que as empresas com 100 ou mais empregados estão obrigadas a ter de 2 a 5% de seus cargos preenchidos com beneficiários reabilitados ou pessoas portadoras de deficiência. Outra hipótese seria de uma lei que viesse a determinar a admissão de trabalhadores que fossem mutilados de guerra.

Importa a garantia num conjunto de regras, inclusive de política do Governo, de forma a determinar a manutenção dos empregos e a criação de outros. É uma forma de estabilidade econômica. Compreende programas governamentais, abertura de postos de trabalho, serviços públicos de emprego. A garantia no emprego é o nome adequado para o que se chama de "estabilidade provisória", pois se há estabilidade, ela não pode ser provisória.

Garantia de emprego é o direito que o empregado tem de não ser despedido temporariamente, de acordo com certas hipóteses definidas em lei, em normas coletivas ou em outro instrumento.

É estabelecida a garantia de emprego para que não haja discriminação, perseguição, preconceito ou omissão em relação ao trabalhador, por ele deter certa condição.

A garantia de emprego é estabelecida para as seguintes pessoas:
a. para o trabalhador eleito dirigente sindical (art. 8º, VIII, da Constituição c/c § 3º do art. 543 da CLT);
b. para o cipeiro eleito para desempenhar mister na Cipa (art. 10, II, *a*, do ADCT c/c art. 165 da CLT);
c. gestante, desde a confirmação da gravidez até cinco meses após o parto (art. 10, II, *b*, do ADCT);
d. acidentado no trabalho, por 12 meses a contar da cessação do auxílio-doença acidentário (art. 118 da Lei 8.213/91);
e. para o dirigente de cooperativa (art. 55 da Lei 5.764/71);
f. para o trabalhador membro do Conselho Curador do FGTS (§ 9º do art. 3º da Lei 8.036/90) e do Conselho Nacional de Previdência Social (§ 7º do art. 3º da Lei 8.213/91).

7.2 GARANTIA DE EMPREGO

O projeto original não previa garantia de emprego para os representantes dos empregados pertencentes à comissão. O § 1º do art. 625-B da CLT veda a dispensa dos representantes dos empregados membros da comissão. É, portanto, hipótese de garantia de emprego. O objetivo é evitar que o empregador dispense os trabalhadores por terem entendimentos contrários aos do patrão, como forma de represália.

Apenas os membros oriundos dos empregados terão garantia de emprego e não os do empregador, pois estes são indicados. A norma refere-se apenas aos representantes dos empregados e não aos representantes dos empregadores.

Gozarão da garantia de emprego tanto os representantes titulares dos empregados como os suplentes. A lei é clara no sentido de que não é apenas o titular que goza da garantia de emprego, mas também o suplente. Evita-se a interpretação da questão, como ocorreu em relação à Cipa, que foi dirimida pelo Enunciado 339 do TST.

A garantia de emprego não se inicia com a candidatura, mas desde a eleição, pois a lei nada menciona nesse sentido, como ocorre, por exemplo, com o § 3º do art. 543 da CLT, no que diz respeito aos dirigentes sindicais. Só se pode falar em membros pertencentes aos empregados quando eles forem eleitos.

Nas comissões sindicais e nos núcleos, os membros dos empregados gozarão da mesma garantia de emprego. Esta não se aplica apenas às empresas, pois o § 1º do art. 825-B da CLT veda a dispensa dos representantes dos empregados membros da comissão, porém não faz qualquer ressalva, entendendo-se que qualquer empregado que a ela pertença terá a garantia de emprego.

Terminará a garantia de emprego um ano após o final do mandato, ou seja, o tempo total será de dois anos, em que o empregador não poderá dispensar o empregado, salvo se for reconduzido ao cargo, quando ainda terá mais um ano de garantia de emprego.

O empregado detentor da garantia de emprego poderá demitir-se, se quiser. Não existe obrigação de ser feita a assistência à rescisão do referido contrato de trabalho no sindicato ou no Ministério do

Trabalho (art. 500 da CLT), pelo fato de que o empregado não é estável, mas tem garantia de emprego, nem haver determinação legal expressa nesse sentido.

Em caso de encerramento da atividade da empresa, não subsiste a garantia de emprego do trabalhador, pois a garantia depende da existência da própria empresa. Se a empresa deixa de existir, não se pode falar em garantia de emprego. É a aplicação por analogia do entendimento do inciso II da Súmula 339 do TST. Os salários dos empregados serão devidos até a extinção do estabelecimento e não até o término do mandato.

Os membros dos empregados das Comissões sindicais terão também garantia de emprego, pois o art. 625-C da CLT trata apenas do modo de constituição e funcionamento e não da garantia de emprego, que é prevista no § 1º do art. 625-B da CLT. Assim, não é por meio de convenção ou acordo coletivo que será fixada a garantia de emprego do empregado da comissão sindical ou intersindical.

A garantia de emprego traz um ponto negativo para o empregador, que terá um empregado dotado dessa garantia, que não poderá ser dispensado. Em pequenas empresas, a constituição das comissões poderá ficar prejudicada em função da referida garantia. Supondo-se, por exemplo, que uma empresa tenha quatro empregados, sendo a comissão composta de dois empregados, um eleito pelos empregados, com suplente e outro indicado pelo empregador. Metade dos empregados dessa empresa terá a garantia de emprego. Para o pequeno empregador, isso poderá não ser interessante, pois em épocas de crise não poderá dispensar os dois obreiros.

É necessária, porém, a garantia de emprego, em função de que o representante de empregados pode contrariar os interesses do empregador quanto à determinada conciliação que foi feita, sendo dispensado pelo empregador como forma de punição.

7.3 INQUÉRITO PARA APURAÇÃO DE FALTA GRAVE

É preciso inquérito para apuração de falta grave para a dispensa do empregado detentor de garantia de emprego, por ser membro da comissão?

A falta grave do empregado será a prevista no art. 482 da CLT. A expressão *nos termos da lei* refere-se à falta grave e não à forma de sua apuração. Assim, a falta não será apurada mediante inquérito para apuração de falta grave, pois a norma não menciona a mesma expressão do § 3º do art. 543 da CLT, que determina que a falta será devidamente apurada "nos termos desta Consolidação", o que remete o intérprete aos arts. 853 a 855 da CLT.

O fato de não constar do § 1º do art. 825-B da CLT que a justa causa apurada será na forma da lei, mas sim a falta grave, não quer dizer que haja necessidade de inquérito judicial, pois a lei não é expressa nesse sentido.

Há entendimento de que falta grave só pode ser apurada por inquérito para sua apuração, que é o termo usado para empregados estáveis (arts. 492 a 500 da CLT c/c arts. 853 a 855 da CLT). Entretanto, empregados que cometem justa causa, prevista no art. 482 da CLT, não são dispensados mediante inquérito para apuração de falta grave, apenas os estáveis. A determinação da CLT não trata de estáveis, mas de garantia de emprego, portanto, poderão ser dispensados sem inquérito para apuração de falta grave.

O ideal seria que a falta fosse apurada mediante inquérito judicial, trazendo garantia muito maior para o empregado, principalmente da necessidade de prova do empregador e do respeito ao contraditório.

7.4 INTERRUPÇÃO DO CONTRATO DE TRABALHO

O representante dos empregados desenvolverá seu trabalho normal na empresa, afastando-se de suas atividades apenas quando convocado para atuar como conciliador, sendo computado como tempo de trabalho efetivo o despendido nessa atividade (§ 2º do art. 625-B da CLT).

O período em que o empregado estiver desempenhando a atividade conciliatória será de interrupção dos efeitos do contrato de trabalho, sendo considerado como tempo de serviço e pago o respectivo salário. O tempo em que o empregado estiver na comissão será considerado para todos os fins, como para descanso semanal remunerado, férias etc. Em relação ao representante do empregador, também será período de interrupção, pois estará obedecendo ordens do empregador, representando tempo à disposição deste.

Em princípio, o empregado não terá remuneração específica por estar participando da comissão. A lei dispõe apenas que o empregado terá contado como tempo de serviço o respectivo período, com o pagamento do salário.

Se a comissão for funcionar além do horário normal do empregado, deverá o empregador pagar hora extra, por representar tempo de serviço a sua disposição. Só não serão devidas horas extras nas hipóteses do art. 62 da CLT, principalmente de seu inciso II, no caso de empregados que ocupam cargo de gerente, chefia, etc.

As comissões sindicais dependerão de voluntários para seu funcionamento. Normalmente, serão conciliadores os dirigentes sindicais.

8
COMISSÕES SINDICAIS

A Comissão instituída no âmbito do sindicato terá sua constituição e normas de funcionamento definidas em convenção ou acordo coletivo (art. 625-C da CLT). É que a questão envolverá várias pessoas, daí a necessidade de ser coletiva a negociação para o estabelecimento das comissões. Não poderá, portanto, ser individual.

A criação da Comissão, no caso, será negociada e não imposta, ficando na faculdade dos sindicatos criá-la ou não.

A Comissão intersindical terá característica bilateral em sua instituição. A comissão sindical, instituída entre sindicato de empregados e empresa, também será bilateral. Já a comissão de empresa será criada de forma unilateral, sem a participação dos trabalhadores.

Falta de convenção ou acordo coletivo para a criação dos Núcleos entre as partes implica a não observância da forma prevista em lei (art. 104, III do Código Civil) ou quando for preterida alguma solenidade que a lei considere essencial para a validade do ato (art. 166, V, do Código Civil).

A consequência será a invalidade da quitação outorgada e do termo de acordo.

As partes podem convencionar que a comissão funcionará no âmbito do sindicato. Também não há obrigação da constituição da comissão, por isso é que há necessidade de negociação coletiva, que terá como resultado convenção ou acordo coletivo, envolvendo o interesse da categoria ou dos empregados da empresa. A convenção ou o acordo coletivo é que estabelecerão a constituição e as normas de funcionamento da comissão.

A rigor, não se poderá dizer que a Comissão será instituída no sindicato, pois se depender de convenção coletiva, será a negociação feita entre sindicato profissional e sindicato de empregadores. Se for estabelecida por acordo coletivo, envolverá sindicato dos trabalhadores e uma ou mais de uma empresa. Será inviável a instituição da comissão sem que exista a vontade da outra parte. A comissão, necessariamente, terá representante de empregados e empregadores, não podendo, assim, decorrer de cláusula estabelecida apenas pelo sindicato de empregados.

Havendo sindicato de categoria diferenciada na empresa, deverá a referida agremiação participar da negociação coletiva com o sindicato da empresa ou a própria empresa para ser instituída a comissão sindical.

Como a lei determina que as comissões sindicais terão apenas suas regras de constituição e de funcionamento definidas em convenção ou acordo coletivo, as demais questões, como número de membros da comissão, garantia de emprego etc., são as previstas nos arts. 625-A a 625-I da CLT, e não podem ser disciplinadas na convenção ou acordo coletivo.

9
NÚCLEOS INTERSINDICAIS

Aplicam-se aos Núcleos Intersindicais de Conciliação Trabalhista em funcionamento ou que vierem a ser criados, no que couber, as disposições previstas nos arts. 625-A a 625-H da CLT, desde que observados os princípios da paridade e da negociação coletiva em sua constituição (art. 625-H da CLT).

A regra estabelecida pelo art. 625-H diz respeito tanto aos núcleos que estiverem em funcionamento na data da publicação da Lei 9.958 no *Diário Oficial*, como os que vierem a ser criados.

Alguns sindicatos já tinham núcleos Intersindicais de Conciliação Trabalhista, que poderão ser aproveitados como comissões de conciliação.

Os núcleos nasceram na cidade de Patrocínio, em Minas Gerais, em 1994. Inicialmente, nessa cidade tinha o núcleo aplicação apenas ao âmbito rural, sendo que, atualmente, atua no âmbito urbano e rural. É integrado por um órgão deliberativo, um órgão executivo e dois órgãos de composição extrajudicial de litígios trabalhistas. O quadro a seguir mostra os resultados do núcleo (Vasconcelos, 1997:27):

Ano	Casos atendidos	Casos solucionados	Casos encaminhados à Justiça
1994	2.227	2.200	27
1995	9.348	9.242	106
1996	4.821	4.766	55

Em quatro anos, o núcleo resolveu mais de 44.000 causas, reduzindo as demandas na área rural em 98% (Vasconcelos, 1999:95-101). Houve uma certa reação aos citados órgãos que, após muitas pressões, resistiram, tornando-se uma realidade e trazendo bons resultados. De março de 1994 a março de 2003 foram feitos 78.532 acordos. Sendo que os 1.130 não obtiveram acordo. O índice de trabalho formal na Região aumentou de 20 para 80% na área rural.

Foram criados outros núcleos, como em Maringá (PR) e em Contagem (MG); outros ainda serão estabelecidos.

No Núcleo de Maringá, de 1.10.96 a 29.2.2000 foram feitas 2.273 conciliações. Em Patrocínio, a partir de 1994 foram feitas até começo de 2000 55.278 conciliações.

Os núcleos não têm atividade lucrativa, sendo constituída por sindicatos de empregados e de empregadores, no âmbito de determinada atividade, objetivando a solução extrajudicial dos conflitos trabalhistas.

São os núcleos registrados no Cartório de Registro Civil, tendo prazo de duração indeterminado, de acordo com os interesses das assembleias dos sindicatos. Posteriormente, as convenções e acordos coletivos copiaram o estatuto do núcleo para dar-lhe validade para a categoria ou empresa.

Nos núcleos, vinha prevalecendo a oralidade, em que apenas o acordo seria escrito, estabelecendo-se relatório comprobatório da tentativa de conciliação, para fins judiciais.

Observam os núcleos o princípio da autonomia privada coletiva, tendo por base o inciso XXVI do art. 7º da Constituição e as disposições acordadas na norma coletiva.

Para que os arts. 625-A e seguintes da CLT sejam aplicáveis aos núcleos é preciso que estes sejam criados por negociação coletiva e exista paridade de representantes de empregados e empregadores. O resultado da negociação coletiva será a convenção ou acordo coletivo.

Exige o artigo 625-H da CLT que os Núcleos de Conciliação Intersindical sejam criados por convenção ou acordo coletivo. Na falta de tais instrumentos, há nulidade do termo de conciliação, pois não foi cumprida a formalidade prevista na lei (art. 166, V, do Código Civil). Certas Comissões ou Núcleos estão conciliando de tudo para poderem cobrar a remuneração pela prestação de seus serviços. Comissões de metalúrgicos conciliam questões de vigilantes, mesmo não havendo convenção ou acordo coletivo firmado entre os sindicatos pertencentes a categorias diversas para a tentativa de conciliação na Comissão ou no Núcleo. Assim, se os trabalhadores não pertencem àquela categoria profissional ou à base territorial respectiva, não pode ser feita a conciliação.

Se for utilizado Núcleo para fazer conciliação que não firmou norma coletiva para fazer a conciliação da categoria respectiva não terá validade jurídica, pois fere o artigo 82 do Código Civil, que exige a observância da forma prescrita em lei. A não observância da negociação coletiva para firmar o ajuste entre sindicatos pertences a categoria diversas, implica nulidade, que terá de ser declarada pela Justiça do Trabalho, mediante provocação do interessado.

Os representantes dos empregados também terão direito à garantia de emprego, pois são aplicados os arts. 625-A e seguintes da CLT.

Os acordos celebrados nos núcleos terão natureza de título executivo extrajudicial.

Deverão os núcleos ter um entendimento constante com órgãos públicos, especialmente as Delegacias Regionais do Trabalho, o Ministério Público do Trabalho e o INSS.

Para o perfeito funcionamento dos núcleos, é preciso a existência de mecanismos constantes de negociação coletiva entre os sindicatos de trabalhadores e empregadores.

Na prática, os núcleos fazem, ainda, mediação, mediante a mesma estrutura paritária e intersindical.

Os conciliadores poderão ser empregados dos núcleos, em função de ficarem à disposição em tempo integral, além de o representante dos empregados não estar sujeito a ingerências do empregador, principalmente em pontos em que haja interesse do último.

Acaba, também, o núcleo tendo um papel preventivo, esclarecendo os direitos trabalhistas, evitando a discussão de certas questões que poderiam parar no Poder Judiciário.

Em 1997, foi instituída a Fundação Cenear (Centro Nacional de Estudos e Aperfeiçoamento das Relações de Trabalho e da Cidadania). Tem caráter apartidário, sem fins lucrativos. Visa à coordenação, à participação e à organização dos núcleos em âmbito nacional.

10
Condição da ação

10.1 CONDIÇÃO DA AÇÃO

A ideia de que o autor passe por uma tentativa de conciliação antes de ajuizar a ação não é nova. No Império, já havia preocupação com o enorme número de demandas, criando-se um sistema de conciliação prévia obrigatória, para diminuir o número de processos. O art. 161 da Constituição de 1824 previa que "sem se fazer constar, que se tem intentado o meio de reconciliação, não começará processo algum".

O projeto de lei sobre as comissões previa que "o descumprimento injustificado do procedimento disciplinado neste artigo importa a extinção do processo, sem apreciação do mérito, além de sanção por litigância de má-fé, se for o caso". O referido preceito não foi repetido na redação da lei.

Prevê o art. 625-D da CLT que qualquer demanda de natureza trabalhista será submetida à Comissão de Conciliação Prévia, caso essa tenha sido criada na empresa ou em negociação coletiva com o sindicato. O § 2º do mesmo artigo declara que o empregado "deverá" juntar à eventual reclamação trabalhista cópia da declaração fornecida pela Comissão da tentativa de conciliação frustrada.

Emprega o art. 625-D da CLT o verbo *ser*, no imperativo. Isso indica que o empregado terá de submeter sua reivindicação à comissão antes de ajuizar a ação na Justiça do Trabalho. O § 2º do mesmo artigo também usa o verbo dever no imperativo para efeito de juntar com a petição inicial da reclamação trabalhista a declaração frustrada da tentativa de conciliação.

Em caso de motivo relevante é que será indicado por que não se utilizou da comissão para solucionar as questões trabalhistas (§ 3º do art. 625-D da CLT).

A passagem pela Comissão não representa pressuposto processual. Pressupostos da existência do processo são jurisdição, pedido e partes. Pressupostos de validade do processo são competência, ausência de suspeição, inexistência de coisa julgada e de litispendência, capacidade processual dos litigantes, regularidade da petição inicial e da citação.

Nota-se que o procedimento instituído representa condição da ação para o ajuizamento da reclamação trabalhista. Trata-se de hipótese de interesse de agir, que abrange o interesse em conseguir o bem por obra dos órgãos públicos (Chiovenda, 1998:89).

Dispunha o inciso VI do art. 267 do CPC de 1973 que o processo era extinto sem julgamento de mérito quando não concorrer qualquer das condições da ação, "como...". Isso mostra que as condições da ação não são apenas a legitimidade das partes e o interesse processual. Era um dispositivo exemplificativo e não exaustivo. A lei poderá estabelecer outras condições para o exercício do direito de ação.

Do § 2º do art. 114 da Constituição depreende-se que, para o ajuizamento do dissídio coletivo pelo sindicato, é necessário que tenham sido frustradas as tentativas de negociação coletiva ou de arbitragem. Trata-se, assim, de outra condição da ação estabelecida na própria Lei Magna. De certa forma, há previsão semelhante no § 4º do art. 616 da CLT, ao determinar que "nenhum processo de dissídio coletivo de natureza econômica será admitido sem antes se esgotarem as medidas relativas à formalização da convenção ou acordo correspondente".

O procedimento criado pelo art. 625-D da CLT não é inconstitucional, pois as condições da ação devem ser estabelecidas em lei e não se está privando o empregado de ajuizar a ação, desde que tente a conciliação. O que o inciso XXXV do art. 5º da Constituição proíbe é que a lei exclua da apreciação do Poder Judiciário qualquer lesão ou ameaça a direito, o que não ocorre com as comissões prévias de conciliação.

Ada Pellegrini Grinover menciona não ser inconstitucional a proposta que estabelecesse a tentativa obrigatória da conciliação prévia, que não iria contrariar o inciso XXXV, do artigo 5.º da Constituição, pois "o direito da ação não é absoluto, sujeitando-se a condições (as condições da ação), a serem estabelecidas pelo legislador".[1] Não haverá interesse de agir da pessoa, postulando a tutela jurisdicional, se não for observado o caminho alternativo da conciliação prévia, que seria uma situação bastante razoável, não ficando mutilada a garantia constitucional do direito ao processo. Kazuo Watanabe tem o mesmo pensamento.[2] Tentada a conciliação e sendo esta frustrada, o empregado não estará impedido de ajuizar ação da Justiça do Trabalho. A lei inclusive institui as Comissões para conciliar, nada impedindo que posteriormente a postulação seja julgada pelo Poder Judiciário. Não se estará subtraindo da apreciação do Poder Judiciário a análise do dissídio.

As condições descritas no art. 625-D e em seu § 2º da CLT não podem ser consideradas desarrazoadas ou impossíveis, nem estão aniquilando o direito constitucional de ação ou seu exercício. O empregado não precisa fazer a conciliação, apenas passar pela comissão antes de ajuizar a ação, caso ela exista na empresa ou no sindicato.

O trabalhador não tem prejuízo, pois o prazo de prescrição fica suspenso no período em que está sendo tentada a conciliação. O prazo de 10 dias para fazer a conciliação é, inclusive, um prazo curto e não longo.

Não há discriminação pelo ato de que existindo a comissão o trabalhador tem de passar por ela e onde não existir, não há necessidade, inclusive por impossibilidade. Não se trata de discriminação, mas de situações de fato diversas.

A submissão de demanda de natureza trabalhista à Comissão de Conciliação Prévia é obrigatória quando houver Comissão instituída no âmbito da empresa ou do sindicato da categoria na localidade da prestação de serviços do trabalhador (art. 4º da Portaria 329/02).

Deixando de existir comissão na localidade, o empregado poderá ajuizar diretamente a ação na Justiça do Trabalho, porque não pode passar por um órgão inexistente.

O art. 625-D da CLT e seu § 2º, ao meu ver, estabelecem condição da ação, que é passar pela Comissão antes de ajuizar a demanda perante a Justiça do Trabalho.

---

1. GRINOVER, Ada Pellegrini. *A conciliação extrajudicial na Justiça do Trabalho*. O processo em evolução, Rio de Janeiro: Forense Universitária, 1996. p. 94.
2. WATANABE, Kazuo. *Controle constitucional*. São Paulo: Ed. RT, 1980. p. 49, 55 e 57.

O art. 4º da Portaria interpreta corretamente o tema, ao esclarecer que é obrigatória a submissão à Comissão de demanda de natureza trabalhista, indicando condição da ação. A matéria é, porém, controvertida, pois cada juiz julga de uma forma. Uns entendem que a lei não estabeleceu condição de ação, tanto que inexiste penalidade caso o empregado deixe de passar pela Comissão. Outros pensam que, se o empregado não passar pela Comissão, a consequência é a extinção do processo sem julgamento de mérito, que me parece mais correto, pois, do contrário, a lei seria inútil.

Há procedimento semelhante na Espanha. A Ley de Procedimiento Laboral, de 1990, que foi reformulada pelo Real Decreto legislativo 2/95, determina que o direito de ingresso em juízo fica submetido à tentativa de conciliação. A conciliação é feita perante o serviço administrativo correspondente ou o órgão que assumir essas funções segundo os acordos e convenções coletivas (art. 63).

A reivindicação só poderá ser feita diretamente à Justiça do Trabalho caso na empresa não exista a Comissão, nem tenha sido instituída no âmbito do sindicato da categoria, porque não haveria como se passar por comissão conciliatória. Poderá também a reivindicação ser feita diretamente na Justiça do Trabalho, nos casos em que o empregado não trabalhe na sede da empresa e no local não exista comissão no sindicato, pois o empregado ficaria impossibilitado de comparecer até a sede da empresa para fazer a reivindicação.

Se o empregado não passasse pela Comissão de Conciliação antes de ajuizar a ação, o juiz não deveria devolver os autos à Comissão para que esta fizesse conciliação, mas iria extinguir o processo sem julgamento de mérito, por não atender à condição da ação estabelecida na lei (tentativa de conciliação pela Comissão).

A sanção na norma foi retirada, que era a extinção do processo sem julgamento de mérito, pois o deputado Luiz Antonio Fleury Filho entendia que era inconstitucional a disposição, impedindo o direito da ação. Por isso houve a supressão da expressão.

Dizer que a norma contida no art. 625-D da CLT não tem sanção e, portanto, não obriga, é tornar letra morta a Lei 9.958, que indicaria preceito inútil e sem aplicabilidade prática. A sanção é a extinção do processo sem julgamento do mérito.

Havendo previsão expressa em lei não se aplicam os princípios (art. 8º da CLT). Estes só se observam como fonte supletiva.

O Supremo Tribunal Federal, em caso semelhante, em que a lei determina, como condição da ação, que o postulante ao benefício de acidente do trabalho deve comunicar o INSS que ocorreu o acidente, entendeu inexistir inconstitucionalidade na determinação legal (RE 144.840-SP, j. 2-4-96, Rel. Min. Moreira Alves, conforme *Informativo* 25 do STF).

Os Partidos Comunista do Brasil (PC do B), Socialista Brasileiro (PSB), dos Trabalhadores (PT) e Democrático Trabalhista (PDT) ajuizaram ação direta de inconstitucionalidade (Adin 2.139-7) contra o art. 625-D da CLT e seus parágrafos, sob o argumento de violar o inciso XXXV do art. 5º da Constituição e o art. 114 da Constituição. Este último artigo não foi violado, por tratar da competência da Justiça do Trabalho, que não está sendo violada pelo art. 625-D da CLT. A Confederação Nacional dos Trabalhadores no Comércio (CNTC) ajuizou ação direta de inconstitucionalidade (Adin 2.160), alegando que os acordos extrajudiciais limitam o ingresso de ações na Justiça do Trabalho para reclamar direitos trabalhistas. A Confederação Nacional dos Trabalhadores em Estabelecimentos de Ensino (Contee) propôs ação no mesmo sentido (Adin 2.148), alegando que a nova lei viola a Constituição, ao deixar de dar assistência jurídica ao empregado não sindicalizado e forçar o sindicato da categoria profissional a exercer o papel de fiscal da atuação do empregador. Nesse ponto, a lei é constitucional, pois cabe ao sindicato a defesa dos interesses coletivos ou individuais da categoria, inclusive em questões judiciais ou administrativas (art. 8º, III, da Constituição), além do que é obrigatória a participação do sindicato nas negociações coletivas do trabalho (art. 8º, VI). As Comissões podem, porém, ser constituídas no âmbito da empresa, sem a participação do sindicato.

O STF entendeu que

AÇÕES DIRETAS DE INCONSTITUCIONALIDADE. ARTS. 625-D, §§ 1º A 4º, E 852-B, INC. II, DA CONSOLIDAÇÃO DAS LEIS DO TRABALHO – CLT, ACRESCIDOS PELAS LEIS NS. 9.958, de 12 DE JANEIRO DE 2000, E 9.957, DE 12 DE JANEIRO DE 2000. COMISSÃO DE CONCILIAÇÃO PRÉVIA – CCP. SUPOSTA OBRIGATORIEDADE DE ANTECEDENTE SUBMISSÃO DO PLEITO TRABALHISTA À COMISSÃO PARA POSTERIOR AJUIZAMENTO DE RECLA-

MAÇÃO TRABALHISTA. INTERPRETAÇÃO QUE PERMITE A SUBMISSÃO FACULTATIVAMENTE. GARANTIA DO ACESSO À JUSTIÇA. ART. 5º, INC. XXXV, DA CONSTITUIÇÃO DA REPÚBLICA. INVIABILIDADE DE UTILIZAÇÃO DE CITAÇÃO POR EDITAL EM RITO SUMARÍSSIMO. CONSTITUCIONALIDADE. RESPEITO AOS PRINCÍPIOS DA RAZOABILIDADE. AÇÃO JULGADA PARCIALMENTE PROCEDENTE PARA DAR INTERPRETAÇÃO CONFORME A CONSTITUIÇÃO AO ART. 652-D, §§ 1º A 4º, DA CONSOLIDAÇÃO DAS LEIS DO TRABALHO – CLT.

1. O Supremo Tribunal Federal tem reconhecido, em obediência ao inc. XXXV do art. 5º da Constituição da República, a desnecessidade de prévio cumprimento de requisitos desproporcionais, procrastinatórios ou inviabilizadores da submissão de pleito ao Poder Judiciário. 2. Contraria a Constituição interpretação do previsto no art. 625-D e parágrafos da Consolidação das Leis do Trabalho que reconhecesse a submissão da pretensão à Comissão de Conciliação Prévia como requisito para ajuizamento de ulterior reclamação trabalhista. Interpretação conforme a Constituição da norma. 3. Art. 625-D e parágrafos da Consolidação das Leis Trabalhistas: a legitimidade desse meio alternativo de resolução de conflitos baseia-se na consensualidade, sendo importante instrumento para o acesso à ordem jurídica justa, devendo ser apoiada, estimulada e atualizada, não consubstanciando, todavia, requisito essencial para o ajuizamento de reclamações trabalhistas. 4. A isonomia constitucional não impõe tratamento linear e rígido a todos os que demandam a atuação do Poder Judiciário, ainda que o façam por procedimento sumaríssimo na Justiça do Trabalho, pelo que se reconhece válida a exclusão da citação por edital daquele rito processual, em obediência aos princípios da primazia da realidade e da razoabilidade. Validade do art. 852-B, inc. II da Consolidação das Leis do Trabalho – CLT. 5. Ação direta de inconstitucionalidade julgada parcialmente procedente para dar interpretação conforme a Constituição ao art. 625-D, §§ 1º a 4º, da Consolidação das Leis do Trabalho, no sentido de assentar que a Comissão de Conciliação Prévia constitui meio não obrigatório de solução de conflitos, permanecendo o acesso à Justiça resguardado para todos os que venham a ajuizar demanda diretamente ao órgão judiciário competente. (Pleno, ADIn 2.160-DF, j. 13-5-2009, Rel. Min. Carmen Lúcia, DJe 19.2.19).

Agora, as partes podem colocar na convenção ou no acordo coletivo que é vontade delas a passagem do empregado pela Comissão antes do ajuizamento da ação. Se assim for feito, é a vontade das partes. Não é imposição da lei a passagem pela Comissão. Não violaria o inciso XXXVI do artigo 5º da Constituição, pois não é a lei que está dispondo nesse sentido.

Não é o caso de o juiz conceder prazo para provar que o empregado passou pela comissão.

O ônus da prova da existência da Comissão é do empregador, pois alega fato impeditivo, modificativo ou extintivo da pretensão do autor (art. 818, II, da CLT).

10.2 FALTA DE ACORDO NA AUDIÊNCIA

Entendo que a parte deve submeter a demanda trabalhista à Comissão de Conciliação Prévia antes de ajuizar a ação na Justiça do Trabalho. Trata-se de condição da ação, que decorre da previsão do art. 625-D da CLT e de seu § 2º.

Não há inconstitucionalidade da norma contida na CLT, pois as condições da ação dependem da previsão da lei ordinária.

Não tendo a empresa interesse em fazer qualquer proposta de conciliação na audiência inicial, não seria razoável extinguir o processo sem julgamento de mérito para que as partes voltassem à Comissão de Conciliação Prévia para tentar acordo impossível. Seria desprestigiar os princípios da razoabilidade, da utilidade do processo, da economia processual, da celeridade e do aproveitamento da parte válida dos atos. Representaria um retrocesso, com perda de tempo para as partes e atividade inútil do Judiciário, com custo para o Estado.

A falta de acordo em audiência, que seria judicial, supre a tentativa de acordo em órgão extrajudicial. Como o acordo judicial tem representatividade muito maior, inclusive fazendo coisa julgada, o acordo extrajudicial fica por ele abrangido.

Afirma Enrico Tulio Liebman que "é suficiente que as condições da ação, eventualmente inexistentes no momento da propositura desta, sobrevenham no curso do processo e estejam presentes no momento em que a causa é decidida".[3]

Esclarece Estevão Mallet que "mesmo não tentada a conciliação prévia, havendo defesa na reclamação ou não pagamento dos valores cobrados, surge o interesse processual, diante da resistência do reclamado. Torna-se, em consequência, irrelevante a carência inicial

---

3. LIEBMAN, Enrico Túlio. *Manual de direito processual civil*. Rio de Janeiro: Forense, 1985, I, n. 74, p. 155.

da ação".[4] É o que ocorre se a empresa resiste à pretensão do autor, surgindo seu interesse processual.

Se não há acordo em audiência, existe pretensão resistida. Surge, portanto, o interesse de agir do autor.

No mesmo sentido julgado no qual fui relator (TRT 2ª R, RO 00976200304902009, Ac. 2ª T. 20050435340, *DOE* SP 12-7-05, conforme *Revista Equilíbrio*, 04/2005, julho/setembro de 2005, ementa 389, p. 69).

---

4. MALLET, Estevão. Primeiras linhas sobre as Comissões de Conciliação, *Revista LTr*, abril de 2000, 64-04/445.

11
MATÉRIA

A Comissão de Conciliação Prévia irá analisar apenas demanda de natureza trabalhista, não importa a que título, mas não examinará questão cível, comercial ou de outra matéria qualquer. São matérias que posteriormente poderão ser submetidas à apreciação da Justiça do Trabalho. Se a Justiça do Trabalho tiver competência para examinar a questão, a comissão também terá. Assim, qualquer matéria poderá ser discutida perante a Comissão, desde que seja de natureza trabalhista, que seria a questão submetida à Justiça do Trabalho, nos termos do art. 114 da Constituição.

Em se tratando de questão trabalhista, tanto o empregado quanto o empregador poderão requerer a conciliação por parte da comissão. Não é apenas o empregado que tem esse direito, mas também o empregador. Este poderá requerer a conciliação para pagar as verbas rescisórias que o empregado não quer receber. O empregado poderá ficar em débito com o empregador, requerendo a conciliação para esse fim.

O empregador não poderá postular inquérito para apuração de falta grave perante a comissão, pois aquele procedimento é judicial, além do que a Comissão não tem poderes decisórios, mas apenas conciliatórios.

Nas ações civis públicas, não há necessidade de se passar pela conciliação prévia, por se tratar de procedimento especial.

A obrigação tanto poderá envolver prestação de dar quanto de fazer ou não fazer, pois não há vedação na lei nesse sentido.

O art. 625-D da CLT não restringe a matéria a ser analisada pelas comissões apenas em relação a direitos patrimoniais disponíveis, como menciona o art. 1º da Lei 9.307/96 (Lei de arbitragem). Assim, tudo o que possa ser objeto da competência da Justiça do Trabalho será também conciliado nas Comissões de Conciliação Prévia.

A conciliação deverá cingir-se a conciliar direitos ou parcelas controversas (art. 11 da Portaria 329).

Deveriam ser excluídas da transação direitos e parcelas líquidas e certas, como as verbas decorrentes da rescisão do contrato de trabalho (saldo de salário, férias vencidas, 13º salário proporcional etc.). Havia disposição nesse sentido na anterior redação do art. 11 da Portaria 329, que era bastante razoável.

Questões relativas a garantias de emprego poderão ser resolvidas perante a comissão, como de cipeiros, grávidas, inclusive a reintegração desses trabalhadores. Dirigentes sindicais e empregados estáveis também poderão postular perante a comissão, visando serem reintegrados, apesar de só poderem ser dispensados mediante inquérito para apuração de falta grave.

Será possível haver conciliação sobre registro do empregado em sua CTPS, pois esta matéria também é discutida na Justiça do Trabalho.

Dano moral também poderá ser objeto de conciliação, pois o STF tem entendido que a Justiça do Trabalho tem competência para julgar postulação relativa a dano moral, desde que decorrente da relação de emprego.

Liberação do FGTS por acordo entre as partes não poderá ser feita. Assim, se o empregado pediu demissão e houve assistência na rescisão contratual sobre o tema, não poderá haver a modificação da rescisão do contrato de trabalho para dispensa. A Justiça do Trabalho pode homologar acordo para a liberação do FGTS, por se tratar de determinação judicial para pôr fim ao litígio. Entretanto, a comissão não tem esses poderes, inclusive por não ser órgão judicial, mas privado. O acordo entre empregado e empregador permite que o saque de 80% dos depósitos (§ 1º do art. 484-A da CLT).

O FGTS não pode ser objeto de transação, pois, embora ele pertença ao empregado, o governo o utiliza no sistema de financiamento de habitações. Trata-se de uma contribuição social das empresas, tendo natureza tributária (art. 149 da Constituição). O não recolhimento do FGTS na época própria implica o pagamento pelo empregador de multa e juros de mora, que não são devidos ao empregado, mas ao fundo. Logo, o FGTS não pode ser objeto de transação, em razão de abranger direito de terceiro, que é o fundo.

A indenização de 40% sobre os depósitos do FGTS não pode ser objeto de conciliação na Comissão, pois representa verba que, se não depositada, implica multa que reverte ao Fundo. Logo, não pode ser transacionada.

A Ementa 34 do Ministério do Trabalho esclarece que "não produz efeitos o acordo firmado no âmbito da CCP e Ninter transacionando o pagamento diretamente ao empregado da contribuição do FGTS e da indenização de 40%, prevista no § 1º do art. 18 da Lei 8.036/90, incidentes sobre os valores acordados ou devidos na duração do vínculo empregatício, dada a natureza jurídica de ordem pública da legislação respectiva".

A Ementa 20 afirma que em procedimentos de fiscalização do Ministério do Trabalho a transação relativa ao pagamento direto ao empregado do FGTS e da indenização de 40% não produz efeitos para o Ministério do Trabalho.

A Ementa 19 informa que em procedimentos de fiscalização do Ministério do Trabalho a formalização de demanda, pelo empregado, perante as Comissões de Conciliação Prévia, após os prazos do § 6º do art. 477 da CLT, em virtude da não quitação das verbas rescisórias, implica a imposição de penalidade administrativa prevista no § 8º do art. 477 da CLT, independentemente do acordo que vier a ser firmado.

A Comissão não irá, porém, dar assistência na rescisão do contrato de trabalho. Aqui há, portanto, duas questões distintas. Uma é a Comissão de conciliação, que irá conciliar as questões que lhe forem submetidas; outra é a assistência à rescisão contratual.

Sua finalidade é conciliar os dissídios individuais entre trabalhadores e empregadores. Se não há dissídio e as verbas rescisórias são incontroversas, em razão da forma de cessação do contrato de trabalho, descabida a transação sobre os respectivos valores como forma de assistência à rescisão.

A Comissão deverá comunicar à Seção ou ao Setor de Relações do Trabalho das Delegacias Regionais do Trabalho do Ministério do Trabalho e Emprego, a instituição, o local de funcionamento, a composição e o início das atividades (art. 6º da Portaria 329). Não existe obrigação do atendimento de tal regra, pois norma administrativa obriga apenas o funcionário público e a Administração Pública, mas não o particular. A referida regra é destituída de qualquer sanção caso seja descumprida. Ao final dos arts. 621 a 625 da CLT não há penalidade caso os referidos dispositivos deixem de ser cumpridos. O mesmo ocorre em relação aos arts. 625-A a 625-H da CLT.

A única exigência legal é o depósito na Delegacia Regional do Trabalho para efeito de registro e arquivo (art. 614 da CLT). A convenção ou acordo coletivo só entrarão em vigor três dias após a data da entrega do documento no citado órgão (§ 1º do art. 614 da CLT). Essa é, portanto, a consequência.

12
Custos

O custeio da Comissão será regulado no ato de sua instituição, em razão da previsão de custos, observadas a razoabilidade e a gratuidade ao trabalhador (art. 10 da Portaria 329/02).

A Comissão tem custos pelas suas atividades, pois representa órgão de natureza privada e não tem qualquer subvenção do Poder Público. São custos as despesas com aluguel de imóvel, funcionários, equipamentos, papel, Correio etc. Não podem prestar serviços gratuitos, pois muitos sindicatos não têm dinheiro para esse fim. Ressalte-se que há sindicatos de empregadores rurais no sul de Minas que não têm dinheiro para se manter, em razão de que não se consegue cobrar nem mesmo a contribuição sindical rural. Não se pode generalizar, pois existem sindicatos ricos e outros pobres.

Os conciliadores evidentemente querem receber pelo serviço que prestam, pois a lei não estabeleceu que é um serviço público, gratuito, para quem participa nessa condição nas Comissões. Ninguém quer trabalhar de graça. Logo, não pode ser gratuita a conciliação. O conciliador não deve receber remuneração em decorrência do número de demandas, mas sim do seu trabalho, que pode ser cobrado por hora, por dia ou como for combinado.

Deve ser cobrado é um valor para custear as despesas da Comissão.

O valor cobrado das partes que participam da conciliação na Comissão não é taxa. Taxa é espécie de tributo. A taxa tem por fato gerador o exercício regular do poder de polícia, ou a utilização, efetiva ou potencial, de serviço público específico e divisível, prestado ao contribuinte ou posto à sua disposição (art. 77 do CTN). Não pode ser cobrada pelo particular, que não tem poder de império sobre outras pessoas. Assim, o valor cobrado não é taxa, mas uma importância exigida por serviços privados prestados pela Comissão.

A lei, porém, não proíbe a cobrança de importância das partes pela participação na Comissão. Logo, ela permite.

A norma coletiva da categoria pode prever a cobrança de valores das pessoas que participam da conciliação, pois é a vontade das partes. O inciso XXVI do art. 7º da Constituição reconhece as convenções e os acordos coletivos e, portanto, o seu conteúdo. Não há ilegalidade na referida cobrança, pois a lei não a veda.

A cobrança das pessoas que submeterem demandas à Comissão deve se pautar pelo princípio da razoabilidade. Não pode ser abusiva.

Do empregado nada deveria ser cobrado, pois a maioria deles não tem como pagar para ingressar na Comissão. Do contrário, é muito mais fácil ir diretamente à Justiça do Trabalho, que não exige custas de quem nela ajuíza ação.

É claro que a Comissão não pode constituir fonte de renda para as entidades sindicais (§ 1º do art. 10 da Portaria 329), pois não é essa a finalidade da Comissão, embora muitas delas e muitos de seus dirigentes se utilizem da cobrança de valores com esse objetivo.

O inciso I do § 2º do art. 10 da Portaria 329 veda a cobrança de importância do trabalhador pelo serviço prestado pela Comissão. É recomendável que isso ocorra, pois o empregado geralmente não tem dinheiro para pagar o valor cobrado pela Comissão. A lei, porém, não veda tal cobrança. Assim, ela pode ser feita, desde que não seja excessiva.

O § 2º do art. 10 da Portaria 329 proíbe que seja feita cobrança: a – vinculada ao resultado positivo da conciliação; b – em porcentual do valor pleiteado ou do valor conciliado. Nenhum dispositivo de lei tem previsão nesse sentido. Logo, são ilegais tais exigências. Era razoável que isso não ocorresse, mas a norma administrativa não pode se sobrepor à lei, determinando algo que ela não preveja.

Os membros da Comissão não podem perceber qualquer remuneração ou gratificação com base nos acordos firmados, no número de demandas propostas perante a comissão, no valor do pedido ou do acordo e no resultado da demanda (§ 3º do art. 10 da Portaria nº 329).

Cobrar porcentual sobre o acordo ou no resultado da demanda é uma forma de os conciliadores pressionarem as partes para que seja celebrada transação.

Não há disposição na lei proibindo tal cobrança tornando ilegal a norma administrativa. A regra é, porém, razoável, pois o conciliador não deveria receber de acordo com a conciliação que faz, mas pelo seu serviço.

Mais razoável me parece a regra do art. 5º da Portaria nº 264 quando dispõe ser indevida a cobrança de valor decorrente de conciliação realizada, bem como qualquer porcentual sobre o resultado da conciliação e toda prática que demonstre a exorbitância ou irregularidade na atuação das Comissões serão informadas pela fiscalização do trabalho, em relatório circunstanciado, ao Ministério Público do Trabalho. Esse é o órgão adequado para tomar as medidas cabíveis contra os abusos da Comissão e não a Delegacia Regional do Trabalho, que não tem poderes para fiscalizá-la.

A cobrança deve ser feita apenas do empregador, que é a pessoa que tem condições de pagar pelo serviço.

O Ministério Público do Trabalho do Rio de Janeiro ajuizou ação anulatória contra o Sindicato dos Empregados em Estabelecimentos de Saúde do Rio de Janeiro e o Sindicato dos Hospitais e Estabelecimentos de Serviços de Saúde no Estado do Rio de Janeiro, com a finalidade de anular o § 2º da cláusula 13 da norma coletiva com vigência de 20-8-2000 a 27-8-2002. Sua redação era a seguinte:

> Cláusula 13 – Custas
>
> [...]
>
> § 2º A taxa de reposição só será cobrada dos empregadores e empregados quando houver celebração de acordo. Ficam os mediadores autorizados a dispensar os empregados do pagamento da taxa de reposição, de acordo com as hipóteses previstas no Regimento Interno da Comissão Intersindical de Conciliação Prévia.

O TRT da 1ª Região anulou a referida cláusula. O TST, confirmou a decisão do Tribunal Regional, entendendo que a cobrança de valores não pode ser exigida das partes:

> Não podem os sindicatos, por meio de convenção coletiva, instituir taxa de reposição na hipótese de sucesso da discussão promovida perante a Comissão de Conciliação Prévia. Apesar de a lei, em seu art. 625-C, prever a comissão fundada no âmbito do sindicato ter sua constituição e normas de funcionamento definidas em convenção ou acordo coletivo, isso não significa que poderá criar taxas em seu favor, as quais só podem ser estabelecidas por meio de lei,

conforme determina o art. 5º, II, da Constituição da República. Recurso não provido (SCD, ROAA-808779/2001.2, j. 9-5-2002, Rel. Min. Wagner Pimenta, *DJU* 17-6-2002, p. 404/5).

A cobrança pelo serviço de conciliação prestado pela Comissão não pode constituir fonte de renda para as entidades sindicais, pois não é essa a finalidade da Comissão, embora muitas delas e muitos de seus dirigentes se utilizem da cobrança de valores com esse objetivo.

Deveria ser estabelecido limite na lei para esse fim, porque há comissões que cobram R$ 600,00 e até R$ 1.200,00 para fazer cada conciliação, o que é excessivo. O valor a ser cobrado deveria ser no máximo de R$ 200,00 por conciliação. Em Estados menos desenvolvidos ou no interior, deveria ser cobrado um valor compatível com aquela região.

Para que não houvesse prejuízo para as partes que comparecem na Comissão, penso que parte da arrecadação da contribuição sindical deveria ser destinada para o custeio das Comissões, desde que se entenda por manter tal contribuição. Para isso, seria preciso apenas alterar o art. 592 da CLT, incluindo que uma das finalidades da contribuição sindical é custear as Comissões de Conciliação. Assim, não haveria cobrança de qualquer valor do empregado ou do empregador e os abusos poderiam ser coibidos.

13
Procedimentos

Menciona o art. 625-A da CLT que a comissão tem a atribuição de conciliar os conflitos individuais do trabalho; não irá analisar dissídios coletivos.

A função das Comissões é conciliar os dissídios individuais que lhes forem submetidos à apreciação e não julgá-los.

Estabelece o parágrafo único do artigo 1º da Portaria 329 que a Comissão conciliará exclusivamente conflitos que envolvam trabalhadores pertencentes à categoria profissional e à base territorial das entidades sindicais que as tiverem instituído. Essa regra já era prevista no inciso II do artigo 3º da Portaria 264, quando mencionava que a atuação da Comissão não pode ser feita fora do âmbito de sua competência, que deve ser restrita aos limites de sua representação sindical e da empresa.

A orientação da Portaria 329 é positiva, pois têm ocorrido muitos casos de Comissões ou Núcleos que estão conciliando de tudo para poderem cobrar a remuneração pela prestação de seus serviços. Comissões de metalúrgicos conciliam questões de vigilantes, mesmo não havendo convenção ou acordo coletivo firmados entre os sindicatos pertencentes a categorias diversas para a tentativa de conciliação na Comissão ou no Núcleo. Assim, se os trabalhadores não pertencem àquela categoria profissional ou à base territorial respectiva, não pode ser feita a conciliação. A desobediência a tal determinação implica nulidade, por falta da observância da forma prevista em lei (art. 104, III, do Código Civil). Logo, nenhum valor jurídico terá a conciliação realizada, podendo o empregado ajuizar ação na Justiça do Trabalho pedindo a desconstituição do termo de acordo lavrado perante a Comissão.

A Lei 9.958 não dispõe que a conciliação prévia nas Comissões de Conciliação é proibida no procedimento sumaríssimo. Quando a lei não proíbe, ela permite. Se a lei não distingue, não cabe ao intérprete fazê-lo.

Se a Lei 9.958 não fez nenhuma exceção quanto a qualquer procedimento, não se pode entender que no procedimento sumaríssimo é desnecessária a tentativa de conciliação.

A Lei 9.958 tratou das Comissões de Conciliação Prévia e a Lei 9.957 do procedimento sumaríssimo. A Lei 9.957 não deveria tratar de conciliação prévia no procedimento sumaríssimo, pois versa sobre esse tema e a outra norma sobre comissões de conciliação. São normas que se complementam e não que se excluem, visando dar maior vazão aos processos trabalhistas.

Logo, mesmo no procedimento sumaríssimo, há necessidade de se passar pela Comissão de Conciliação Prévia para tentativa de conciliação.

O § 1º do art. 625-D da CLT mostra que a postulação na Comissão é feita pelo interessado. Interessado pode tanto ser o empregado, como o empregador.

A expressão "qualquer demanda" contida no art. 625-D da CLT tanto diz respeito a empregado como ao empregador.

Não há valor para a postulação perante as comissões. Pode compreender a pretensão qualquer valor. Não se restringe a 40 salários mínimos, como no procedimento sumaríssimo.

A demanda a ser postulada perante a comissão não é apenas em relação a pessoas que estão empregadas, mas também às que já saíram da empresa.

Em tese, o trabalhador avulso poderia postular perante a Comissão, pois tem os mesmos direitos do trabalhador com vínculo empregatício permanente (art. 7º, XXXIV, da Constituição). Entretanto, os representantes dos trabalhadores devem ser empregados e não avulsos.

O pequeno empreiteiro operário ou artífice também poderá postular perante a comissão, pois a Justiça do Trabalho é competente para apreciar sua postulação (art. 652, *a*, III, da CLT).

Na Comissão, o sindicato não poderá atuar como substituto processual, por não haver previsão legal nesse sentido.

A lei exige que o empregado seja sindicalizado para que possa fazer a reclamação na Comissão.

Não existe restrição para o fato de que a postulação seja feita perante a Comissão em caso de falência. Desde que o síndico autorize a conciliação, poderá ela ser feita na Comissão.

A Comissão de Conciliação não pode ser instituída por acordo ou convenção coletiva em relação à Administração Pública, pois o art. 39 não determina a observância de tais normas. A Administração Pública não pode fazer conciliação.

As sociedades de economia mista e as empresas públicas que explorem atividade econômica são empregadores e devem observar as regras relativas às Comissões, inclusive por meio de norma coletiva.

Poderá a parte postular mais de uma vez perante a comissão, uma vez que a lei não veda tal hipótese e o objetivo é a conciliação.

Tendo a empresa âmbito nacional, a comissão poderá ser instituída em sua sede. Se o empregado trabalha ou trabalhou em outro lugar, diverso da sede, a solução é ser criada comissão itinerante, que irá comparecer em cada local em que a empresa tiver estabelecimento, pois o obreiro não terá condições de se deslocar até a sede da empresa. A solução seria aplicar, por analogia, o art. 651 da CLT, no sentido de que a conciliação seja feita no local da prestação de serviços do empregado. A manutenção de Comissão itinerante pode ser, porém, onerosa para a empresa, pelo custo em decorrência dos deslocamentos. A exceção ocorrerá se no local houver comissão do sindicato, em que o empregado irá preferir procurar tal comissão. Não havendo comissão na localidade em que o empregado presta serviços ao empregador, inexistirá obrigatoriedade de se passar pela comissão antes de ajuizar a ação. O ideal, assim, é que cada local de trabalho tenha uma comissão. Localidade tem de ser entendida como o local em que o empregado presta serviços para o empregador, ou então onde presta contas, como no caso do vendedor, viajante ou pracista, tendo o sentido de município e não de região geoeconômica.

Os responsáveis solidários ou subsidiários não irão fazer parte da comissão, apenas a empresa para qual trabalha o empregado, salvo se o sindicato representar tais empresas. Os responsáveis serão incluídos no polo passivo da reclamação trabalhista, quando será discutida a responsabilidade solidária ou subsidiária dessas empresas, ocasião em que também poderão defender-se, inclusive a respeito do que foi conciliado, discutindo a responsabilidade para o referido caso.

A demanda será formulada por escrito ou reduzida a termo por qualquer dos membros da comissão, sendo entregue cópia datada e assinada pelo membro dos interessados (§ 1º do art. 625-D da CLT).

A lei não estabelece quem reduzirá a termo a postulação, mas é expressa no sentido de que será reduzida a termo por qualquer dos membros da comissão. Não será, assim, reduzida a termo só pelo representante dos empregados ou só pelo representante dos empregadores, mas poderá ser feita por qualquer pessoa.

É possível também que a reivindicação do empregado seja feita verbalmente. Nesse caso, será reduzida a termo por qualquer dos membros da Comissão.

É desnecessário que o empregado formule sua pretensão por meio de advogado. Poderá fazê-la pessoalmente, como também poderá socorrer-se de advogado, caso assim entenda melhor.

Permite o art. 842 da CLT que a ação trabalhista seja apresentada por um conjunto de empregados, desde que haja identidade da matéria e o empregador seja o mesmo. Em relação à Comissão de Conciliação Prévia não há previsão expressa nesse sentido, mas nada impede a apresentação do pedido de conciliação para vários empregados, pois também não existe proibição legal. Há possibilidade da conciliação ser feita em relação a um grupo de empregados. Talvez não seja recomendável, porque cada caso tem suas peculiaridades.

A comunicação para chamar a parte para o comparecimento à sessão poderá ser feita por qualquer meio, como pelo Correio, mediante aviso de recebimento, mas não por edital, que só será feito pela Justiça do Trabalho mesmo que o empregador esteja em local incerto e não sabido. Esse poderá ser considerado um motivo relevante para não apresentar a postulação perante a Comissão, mas postular diretamente perante a Justiça do Trabalho. O prazo de 10 dias para a realização da audiência poderá, inclusive, não ser observado para ser feito o edital.

A Comissão de Conciliação Prévia não tem poderes para instruir a postulação, em razão de que não tem jurisdição, não tem o poder de dizer o direito no caso concreto que lhe for submetido à apreciação. A finalidade da Comissão é apenas de tentar a conciliação. A empresa não será intimada a apresentar defesa, pois esta não será apresentada, diante de um procedimento conciliatório. A empresa será ouvida quanto à postulação do empregado, para que a Comissão possa tentar a conciliação. A Comissão não poderá requisitar documentos, determinar diligências, perícias ou ouvir testemunhas, pois sua função não é instrutória ou arbitral, mas apenas conciliatória.

O ideal seria que a Comissão pudesse examinar documentos para propor a conciliação, que teria maiores chances de êxito, pois obteria os elementos necessários para o exame da pretensão. A Recomendação 163 da OIT, que trata da representação dos trabalhadores na empresa, preconiza aos membros da comissão de empresa o acesso aos locais de trabalho e aos registros relacionados com o trabalhador, sempre que fosse indispensável para o desempenho de suas funções. Entretanto, tal recomendação não se aplica ao caso em estudo, em razão de que trata da representação dos trabalhadores na empresa e a Lei 9.958 versa sobre as Comissões de Conciliação Prévia. São hipóteses distintas.

Caso a comissão tenha acesso aos documentos da questão objeto de postulação, deverá dar tratamento confidencial aos dados obtidos, como é a orientação da Recomendação 163 da OIT.

O funcionamento da Comissão necessariamente será paritário, tendo membros do empregado e do empregador. Caso o membro titular não possa comparecer no dia da sessão, será chamado o suplente.

Será possível que as partes estabeleçam no termo de conciliação a quitação da relação havida entre as partes, se o empregador não reconhece a existência da relação de emprego, pois é uma questão que seria discutida perante a Justiça do Trabalho.

Na quitação perante a comissão não precisará haver a participação do sindicato.

No termo de conciliação poderá ser explicitado que se está compensando eventual verba devida pelo empregado ao empregador, dando quitação quanto a esse aspecto.

Não prosperando a conciliação, será fornecida ao empregado e ao empregador declaração da tentativa de conciliação frustrada com a descrição de seu objeto, firmada pelos membros da comissão, que deverá ser juntada à eventual reclamação trabalhista (§ 2º do art. 625-D da CLT).

Será impossível a realização da conciliação caso não compareça um dos interessados.

As partes, se quiserem, serão representadas na conciliação por advogado que tenha procuração com poderes específicos para tanto. É uma faculdade da parte. Não há necessidade do comparecimento pessoal da parte na sessão, podendo ser representada por outra pessoa. O empregador, inclusive, poderá ser representado por preposto com poderes específicos para esse fim. O advogado não poderá ser impedido de participar da comissão, pois se o causídico tiver mandato de seu constituinte poderá ingressar livremente "em qualquer assembleia ou reunião de que participe ou possa participar o seu cliente" (art. 7º, VI, *d*, da Lei 8.906/94), desde que munido de poderes especiais. O comparecimento de advogado poderá ocorrer para evitar renúncia a direitos e fazer as ressalvas expressas quanto a verbas que não estão sendo quitadas.

O termo de tentativa de conciliação frustrada será assinado por todos os membros da comissão, descrevendo o que foi objeto da postulação e, se possível, por que foi frustrada a conciliação. Se do termo faltar a assinatura de um dos membros da comissão que participou da negociação, haverá nulidade, não tendo nenhum valor o referido documento, inclusive para efeito de eficácia liberatória geral.

Em caso de motivo relevante que impossibilite a observância do procedimento previsto no art. 625-D da CLT, será a circunstância declarada na petição inicial da ação intentada perante a Justiça do Trabalho (§ 3º do art. 625-D da CLT). Difícil será dizer qual é o motivo relevante, que poderá ser doença do empregado, acidente que o impeça de fazer à reclamação perante a comissão e seu prazo prescricional de ação estiver esgotando-se; não ter dinheiro para pagar o que cobram na Comissão. A empresa não reconhece o vínculo, que também não é reconhecido na contestação. Caberá ao juiz analisar a questão.

Caso exista, na mesma localidade e para a mesma categoria, comissão de empresa e comissão sindical, o interessado optará por uma delas para submeter sua demanda, sendo competente aquela que primeiro conhecer do pedido (§ 4º do art. 625-D da CLT).

O empregado, por seu livre critério, poderá optar entre postular perante a comissão da empresa ou do sindicato. A comissão escolhida, que será a primeira que conhecer do pedido, ficará preventa para dirimir a demanda.

As Comissões de Conciliação Prévia têm prazo de 10 dias para a realização da sessão de tentativa de conciliação, a partir da provocação do interessado (art. 625-F da CLT). Não existe prorrogação de mais 10 dias para a tentativa de conciliação, pois o prazo é legal e peremptório.

O prazo de 10 dias é contado a partir do dia da apresentação da reclamação.

Esgotado o lapso temporal sem a realização da sessão, será fornecida, no último dia do prazo, a declaração de tentativa frustrada de conciliação, a que se refere o § 2º do art. 625-D da CLT.

Caso a Comissão não designe a data para a tentativa de conciliação em 10 dias, o empregado poderá ajuizar diretamente a ação perante a Justiça do Trabalho, sem ter passado pela Comissão.

O fornecimento da declaração é justamente para comprovar que o empregado tentou a conciliação antes de ajuizar a ação. A juntada da declaração será obrigatória para a propositura da ação, como determina a redação do § 2º do art. 625-D da CLT.

Aceita a conciliação, será lavrado termo assinado pelo empregado, pelo empregador ou seu preposto e pelos membros da comissão e fornecida cópia às partes (art. 625-E da CLT). O termo tanto poderá ser assinado pelo empregador, como por preposto com poderes para esse fim, que irá representar o empregador.

A conciliação poderá ser celebrada de forma parcial em relação a alguns dos pontos postulados perante a comissão e não ser feito acordo quanto ao restante.

Não precisará o termo de conciliação ser homologado pelo juiz para ter validade, como previa o projeto original. A necessidade de homologação do laudo arbitral era um dos motivos apontados pelo qual a arbitragem não dava certo. Agora, pelo menos, a lei é expressa em considerar o termo de conciliação como título executivo extrajudicial.

Deixa bem claro o inciso III do art. 13 da Portaria 329 que a tentativa de conciliação é obrigatória, mas o acordo é facultativo. Ninguém é obrigado a fazer acordo perante a Comissão. Pode lá comparecer e dizer que não tem interesse no acordo, mas a única finalidade do seu comparecimento é obter o termo frustrado de conciliação para ajuizar ação na Justiça do Trabalho.

No termo de conciliação poderão as partes incluir cláusula penal. Esta não poderá ser superior à obrigação principal, sendo aplicável o art. 412 do CC.

A lei ou a norma coletiva deveriam estabelecer multa para o empregador que não comparecer à Comissão ou Núcleo para a tentativa de conciliação, salvo se declarar expressamente que não a aceita. Esse procedimento objetiva que o empregador deixe de comparecer à Comissão para tentar o acordo, vindo a frustrá-lo e deixe descontente o empregado pela perda de tempo no comparecimento ao referido órgão.

O termo de conciliação é considerado título executivo extrajudicial e terá eficácia liberatória geral, exceto quanto às parcelas expressamente ressalvadas (parágrafo único do art. 625-E da CLT). Prescreve também o art. 876 da CLT que o termo de conciliação será considerado título executivo extrajudicial, podendo ser, assim, executado perante a Justiça do Trabalho, caso não cumprido.

Não se pode dizer que os dispositivos mencionados são inconstitucionais, com o argumento de que o art. 114 da Constituição só permite à Justiça do Trabalho executar suas decisões. O mesmo dispositivo constitucional dispõe que a Justiça Obreira tem competência para julgar outras controvérsias decorrentes da relação de trabalho, desde que previstas em lei. É a lei que prevê a possibilidade de execução perante a Justiça do Trabalho, considerando o termo de conciliação título executivo extrajudicial.

O termo de conciliação celebrado perante os núcleos intersindicais também terá natureza de título executivo extrajudicial, pois o art. 625-H da CLT manda aplicar o parágrafo único do art. 625-E da CLT.

Não cumprindo a parte o estabelecido no termo de conciliação, poderá a parte contrária ajuizar ação na Justiça do Trabalho, postulando seu cumprimento, que tem natureza de título executivo extrajudicial.

O empregado deverá juntar cópia do termo de conciliação que não foi cumprido.

A execução será direta na Justiça do Trabalho, sem falar-se em reclamação trabalhista com fase de conhecimento. Assim, será executado o título executivo extrajudicial, de acordo com os arts. 876 a 892 da CLT. O réu será citado para pagar o valor em 48 horas, sob pena de penhora (art. 880 da CLT).

A competência para a execução do termo é da Vara do Trabalho do local da prestação do serviço do empregado (art. 651 da CLT), por se tratar de dissídio individual.

Agora, é possível afirmar que a execução na Justiça do Trabalho não é apenas fase, mas também será autônoma no caso presente.

O juiz não poderá impulsionar o processo de ofício, pois a determinação do art. 878 da CLT diz respeito apenas a processo que já corre perante a Vara. No caso, o empregado deverá apresentar petição, em que irá postular a execução do crédito não pago e que é decorrente do termo de conciliação.

O § 1º do art. 884 da CLT permite a arguição de prescrição nos embargos à execução. Logo, pode ser arguida a prescrição intercorrente. Dispõe o artigo 11-A da CLT que ocorre a prescrição intercorrente no processo do trabalho no prazo de dois anos. A fluência do prazo prescricional intercorrente inicia-se quando o exequente deixa de cumprir determinação judicial no curso da execução (§ 1º). A declaração da prescrição intercorrente pode ser requerida ou declarada de ofício em qualquer grau de jurisdição (§ 2º).

O prazo de prescrição na execução será o mesmo para a propositura da ação de conhecimento (Súmula 150 do STF).

O prazo de prescrição para o empregado entrar com a execução na Justiça do Trabalho é o contido no inciso XXIX do art. 7º da Constituição, isto é, de dois anos a contar da cessação do contrato de trabalho, pois não há outro especificamente previsto para esse fim.

Da lavratura do termo de conciliação não caberá qualquer recurso, justamente por não se tratar de decisão, mas mero termo de acordo. Se as partes concordaram com o acordo e o assinaram, não há que se falar em recurso, em razão de que nenhuma pessoa irá homologar o acordo.

O referido termo não será rescindido por ação rescisória, por não se tratar de título judicial, mas extrajudicial. Estabelece o art. 966 do CPC a necessidade de sentença de mérito para que seja utilizada a ação rescisória. Não há, no caso, sentença, pois a comissão tem por objetivo conciliar, não tendo jurisdição para julgar. O parágrafo único do art. 831 da CLT não se aplica à hipótese vertente, muito menos a Súmula 259 do TST, em razão de que não se está diante de acordo homologado em juízo, mas de termo conciliatório obtido pela Comissão de Conciliação Prévia.

Assim, o meio de impugnar o conteúdo do termo de conciliação será a ação anulatória, por se tratar de vício do consentimento, desde que provada a existência de erro, dolo, coação, simulação ou fraude. Determina o §4.º do art. 966 do CPC que os atos de disposição de direitos, praticados pelas partes ou por outros participantes do processo e homologados pelo juízo, bem como os atos homologatórios praticados no curso da execução, estão sujeitos à anulação, nos termos da lei. Como se trata de procedimento voluntário, o meio de impugnar o termo é a ação anulatória. O juízo competente para se ajuizar a ação será a Justiça do Trabalho, por ser a questão decorrente do contrato de trabalho.

A execução do termo de conciliação nas Comissões de Conciliação Prévia poderá dar ensejo à execução da contribuição previdenciária. A sentença que julga os embargos é uma sentença da Justiça do Trabalho, dando ensejo à execução da contribuição previdenciária pertinente.

Os documentos utilizados na conciliação devem ser guardados pela Comissão por cinco anos (parágrafo único do art. 6º da Portaria 329). A orientação diz respeito ao prazo prescricional de cinco anos para eventual postulação pelo empregado na Justiça do Trabalho e que seria o prazo para a empresa guardar documentos relativos ao contrato de trabalho do trabalhador, a contar do término da relação de emprego. Todavia, se o empregado não fizer a postulação no prazo de dois anos a contar da cessação do contrato de trabalho, não poderá mais fazê-lo, pois perdeu o direito de ação (art. 7º, XXIX, da Constituição). Assim, o prazo mencionado na norma administrativa deveria ser de dois anos.

14
Eficácia Liberatória

14.1 INTRODUÇÃO

Dispõe o parágrafo único do art. 625-E da CLT que o termo de conciliação terá eficácia liberatória geral, exceto quanto às parcelas expressamente ressalvadas.

O artigo tem certa inspiração na Súmula 330 do TST, quanto à eficácia liberatória e ressalvas. Para esse fim, é preciso fazer a comparação entre o art. 625-E da CLT e a previsão do § 2º do art. 477 da CLT para se entender o que vem a ser eficácia liberatória geral.

14.2 ASSISTÊNCIA NA RESCISÃO CONTRATUAL

A redação original do art. 477 da CLT, que é a atual redação do *caput* do referido mandamento legal, com as modificações determinadas pela Lei 5.584/70, referia-se apenas à indenização, não tratando de homologação ou das pessoas que irão fazê-la.

A assistência ao trabalhador no ato da homologação foi criada pela Lei 4.066, de 28-6-1962. Seu art. 1º dispunha que "o pedido de demissão ou recibo de quitação do contrato de trabalho firmado por empregado com mais de um ano de serviço, só será válido quando feito com a assistência do respectivo sindicato ou pela autoridade do Ministério do Trabalho e da Previdência Social ou da Justiça do Trabalho". A homologação surgiu pela necessidade de serem coibidas práticas abusivas feitas pelo empregador, pois, quando o empregado tem apenas um ano de casa, o valor recebido na rescisão será menor, sendo menor a possibilidade de fraude, o que não ocorre quando o empregado tem mais de um ano na empresa.

A Lei 5.472, de 9-7-1968, acrescentou um parágrafo ao art. 1º da Lei 4.066: "no termo de rescisão, ou recibo de quitação, qualquer que seja a causa ou forma de dissolução do contrato, deve ser especificada a natureza de cada parcela paga ao empregado e discriminado o seu valor, sendo válida a quitação, apenas, relativamente às mesmas parcelas". Um dos objetivos visados pela Lei 5.472 foi o de eliminar a prática dos empregadores de pagar valores globais, sem quaisquer especificações do que estava sendo saldado ao empregado, que dava "quitação geral". Tais recibos passaram a ser ineficazes. A partir daquele momento, houve a necessidade da discriminação da natureza da parcela que estava sendo paga. A Lei 5.472/68 fez também distinção entre parcela, que seria o aviso prévio, férias, 13° salário etc., e valor, que seria a importância pecuniária paga ao empregado.

A Lei 5.562, de 12-12-1968, transferiu as disposições da Lei 4.066, com as modificações da Lei 5.472, para a CLT, em seu art. 477, que posteriormente foi alterado pela Lei 5.584, de 26-6-1970.

O § 1° do art. 477 da CLT previa que o pedido de demissão do empregado ou recibo de quitação da rescisão do contrato de trabalho, tendo o obreiro mais de um ano de casa, só seria válido quando feito com a assistência do respectivo sindicato ou perante a autoridade do Ministério do Trabalho. A contrario sensu, se o empregado tiver menos de um ano de casa, mesmo pedindo demissão, o acerto de contas da rescisão do contrato de trabalho podia ser feito na própria empresa, não necessitando de assistência. A Lei n.º 13.467/17 mudou a redação do § 1° do art. 477 da CLT. Agora não existe mais a assistência na rescisão do contrato de trabalho. A mudança deu-se em razão das fraudes que eram praticadas, pois o empregado assinava o termo de quitação sem assistência de qualquer pessoa e dava quitação sobre o que era pago, não tendo direito de reclamar eventuais diferenças. Agora, o pagamento feito ao empregado com mais de um ano de casa só é válido se houver a assistência do sindicato ou do Ministério do Trabalho, não tendo qualquer valor o fato de o empregado ter assinado termo de quitação com ausência de assistência, a não ser que confirme seu recebimento em juízo.

Em se tratando de empregado da União, dos Estados, do Distrito Federal, dos Municípios e das autarquias e fundações de direito público federais, estaduais ou municipais que não explorem atividade econômica, presumem-se válidos os recibos de quitação ou pedidos de demissão de seus empregados, ainda que não submetidos à assistência do sindicato ou do Ministério do Trabalho (art. 1º, I, do Decreto-lei 779/69). Assim, aquelas entidades não precisam proceder à assistência das rescisões dos contratos de trabalho de seus empregados.

No instrumento de rescisão ou recibo de quitação, deve ser especificada a natureza de cada parcela paga ao empregado e discriminado seu valor, sendo válida a quitação apenas relativamente às mesmas parcelas (§ 2º do art. 477 da CLT).

O pedido de demissão do empregado estável só será válido com a assistência do sindicato, do Ministério do Trabalho ou da Justiça do Trabalho (art. 500 da CLT).

A função da Comissão não é fazer assistência na rescisão do contrato de trabalho, mas conciliação.

14.3 SÚMULA 41 DO TST

As correntes existentes a respeito da interpretação a ser dada ao § 2º do art. 477 da CLT eram duas. A primeira dizia que a quitação abrangia o valor pago. O seguinte aresto reflete o entendimento dessa corrente na jurisprudência:

> "O recibo vale apenas pelas importâncias recebidas, considerando-se como pagamento parcial se os direitos do reclamante excederem àquele valor quitado" (Ac. TRT da 1ª R., 1ª T., Rel. Juiz Rubem Moreira Leite, conforme Calheiros Bonfim e Silvério dos Santos (*Dicionário de decisões trabalhistas*. 12. ed. Rio de Janeiro: Trabalhistas, 1975. p. 425, n. 2.929)).

A segunda corrente interpretava o § 2º do art. 477 da CLT no sentido de que a quitação se referia a parcelas, pois tal mandamento legal menciona "válida a quitação relativamente às mesmas parcelas". Recebendo o empregado o que lhe foi pago a título de parcela, não poderia reclamar eventual diferença da parcela recebida. Na jurisprudência, verificamos o acolhimento da referida orientação no seguinte acórdão:

> "O Tribunal Regional sustentou a tese de que os empregados tinham direito a incluir, no cálculo da remuneração, para fins indenizatórios, a parcela relativa a horas extraordinárias habituais e que a quitação por eles dada quanto à indenização não tem efeito liberatório, por não haver o pagamento levado

em consideração o serviço suplementar. *Revista provida*, para julgar improcedente a reclamação. A quitação dada pelo autor envolve, expressamente, a parcela relativa à indenização por despedida. Na forma do § 2º do art. 477 da CLT, o recibo vale quanto às parcelas nele contidas (segundo sua natureza jurídica) e não mais, restritamente, quanto aos valores consignados e relativos a cada parcela" (Ac. da 1ª T. do TST, Proc. RR 248/72, Rel. Min. Mozart Victor Russomano, conforme Calheiros Bonfim e Silvério dos Santos (op. cit., 11. ed., 1973, p. 343)).

A tese predominante no TST foi justamente a primeira, tendo sido editada a Súmula 41, em 14-6-73. A redação do verbete era a seguinte: "a quitação, nas hipóteses dos §§ 1º e 2º do art. 477 da Consolidação das Leis do Trabalho, concerne exclusivamente aos valores discriminados no documento respectivo". Assim, o que valia era a importância paga ao empregado e não a parcela, podendo o empregado reclamar as diferenças que entendesse devidas, pois o título em si não estava quitado.

Os sindicatos dos trabalhadores passaram também a colocar ressalvas nos termos de rescisão, quando da homologação, pois ainda havia dúvida sobre a interpretação a ser dada ao § 2º do art. 477 da CLT.

14.4 SÚMULA 330 DO TST

Surge a Súmula 330 do TST, que trata da necessidade de se interpretar mais corretamente o § 2º do art. 477 da CLT, de acordo com a Resolução 22/93 do TST, de 17-12-1993. Tinha inicialmente o verbete a seguinte redação: "Quitação. Validade. Revisão do Enunciado 41. A quitação passada pelo empregado, com assistência da Entidade Sindical de sua categoria, ao empregador, com observância dos requisitos exigidos nos parágrafos do art. 477, da CLT, tem eficácia liberatória em relação às parcelas expressamente consignadas no recibo."

Verifica-se que a Súmula 41 do TST foi revista pela Súmula 330 do TST, em razão de assim estar expressamente consignado no texto do último verbete, perdendo, portanto, sua validade. Poder-se-ia argumentar que a Súmula 330 do TST seria aplicável ao sindicato e a Súmula 41 da mesma Corte ao Ministério do Trabalho. Entretanto, a Súmula 330 do TST é clara ao dizer que revê a Súmula 41 da mesma Corte. Logo, este não mais existe, embora não tenha sido expressamente cancelado, não sendo aplicável, assim, ao Ministério do Trabalho.

É possível afirmar que a Súmula 330 do TST interpretou corretamente o § 2º do art. 477 da CLT quando se refere a parcelas e não a valores, pois é o que está escrito no referido mandamento legal, embora na redação do citado dispositivo legal nada se fale sobre eficácia liberatória. A Súmula 41 do TST referia-se aos valores expressos na quitação, que não é a melhor interpretação do § 2º do art. 477 da CLT, que trata de parcelas. Logo, sua interpretação era contrária ou oposta à lei.

A Súmula 330 do TST refere-se apenas a assistência realizada pelo sindicato, quando o sistema de assistência é alternativo, podendo ser realizado tanto por aquela entidade como pelo Ministério do Trabalho (§ 1º do art. 477 da CLT). Inexistindo quaisquer dos órgãos citados, será feita a assistência pelo representante do Ministério Público ou, onde houver, pelo Defensor Público e, no impedimento ou falta destes, pelo Juiz de Paz (§ 3º do art. 477 da CLT). A assistência realizada, porém, por qualquer outra pessoa além das já descritas anteriormente implicará também quitação, o que não ocorrerá apenas em relação à assistência feita pelo sindicato.

Estranha-se, também, a ausência dos precedentes jurisprudenciais que levaram à edição do citado verbete no TST, de modo a se verificar quais os entendimentos que influíram em sua criação, pois não se nota tal fato na Resolução 22/93.

Há entendimento de que o objetivo principal da Súmula 330 do TST foi o de diminuir o número de reclamações trabalhistas ajuizadas na Justiça do Trabalho, pretendendo fazer com que o sindicato tenha maior responsabilidade na assistência das rescisões de contratos de trabalho, dando efetiva assistência sobre aquilo que está sendo pago ao trabalhador, além de fazer as ressalvas pertinentes. O Ministro Almir Pazzianotto Pinto mostrou que "o Enunciado revelou à sociedade que várias organizações sindicais não se acham preparadas para cumprir a lei, ou não querem se esforçar para livrar o trabalhador das dificuldades inerentes a todo processo judicial" (1994:145). Argumenta-se que a assistência com a participação do sindicato seria uma renúncia ou transação de direitos com a participação da agremiação, que está presente para verificar o que é devido ao trabalhador; porém, a Lei Fundamental estabelece a necessidade da participação do sindicato apenas nos casos de redução de salários (art. 7º, VI), no acordo de compensação ou redução de jornada (art. 7º, XIII) e para o aumento da jornada de trabalho nos turnos ininterruptos de revezamento (art. 7º, XIV), mas sempre mediante acordo ou convenção coletiva. A assistência não se equipara, contudo, a acordo ou convenção coletiva.

Deve haver, entretanto, maior responsabilidade do sindicato ao conferir as importâncias pagas ao obreiro, ainda que seja fazendo ressalvas. O sindicato muitas vezes não tinha interesse naquilo que estava fazendo ou não dispunha de infraestrutura ou, ainda, exercia a função de mero carimbador de rescisões contratuais. Deveriam, assim, os sindicatos estruturar-se melhor e cumprir a lei, dando assistência efetiva ao empregado, pois quem está sendo prejudicado é o trabalhador, ao não receber corretamente as verbas que lhe são devidas.

Uma das primeiras consequências da Súmula 330 do TST foi que muitos sindicatos pararam de fazer assistências, pois poderia haver dúvida sobre a quitação das verbas pagas, além da responsabilidade civil (art. 186 do Código Civil) do sindicato em outorgar quitação de uma coisa que não fora quitada. Num segundo momento, os sindicatos têm exigido uma série de documentos para fazer a assistência, como cartões de ponto, por exemplo, visando verificar a média das horas extras trabalhadas, prestando, assim, efetiva assistência ao trabalhador, o que não era feito anteriormente.

Há necessidade, entretanto, de se perquirir o significado de certas palavras empregadas no § 2º do art. 477 da CLT, como "valor", "parcela", "quitação" e do advérbio *apenas*, visando a uma correta interpretação do referido dispositivo legal.

Parcela tem o significado de prestação, partícula, pedaço, fragmento de um todo, valores, números que devem somar-se a uma adição. Parcela, portanto, não é sinônimo de direito. Assim, não são quitados, por conseguinte, os direitos do empregado.

Título, por outro lado, traz a ideia de rótulo, assunto, denominação, fundamento, podendo ter o significado de direito num sentido amplo. A lei ou a súmula poder-se-iam referir à quitação de títulos se houvesse a quitação das rubricas pagas. Exige o art. 320 do CC apenas que a quitação deverá designar o valor e a espécie da dívida quitada, o nome do devedor e o tempo e lugar de pagamento. Tem a quitação, portanto, o sentido de desobrigar o devedor em razão do pagamento realizado ao credor. A quitação da parcela importa a quitação do valor, pois não será quitado aquilo que o empregado não recebeu. O advérbio apenas se refere às parcelas que estão sendo quitadas e não ao total ou a tudo o que é devido ao empregado, demonstrando que aquilo que não for pago ainda é devido ao empregado. Se não houvesse o uso do advérbio *apenas*, a quitação poderia ser total.

É preciso, porém, analisar conjuntamente, sistematicamente, os significados das palavras estudadas para chegarmos a uma conclusão, que não pode ser tomada isoladamente em relação ao exame de apenas uma das palavras empregadas no texto legal.

Assim, a quitação abrange somente as parcelas e valores pagos e não os títulos. Se não houve o pagamento integral, o empregado poderá reclamar eventuais diferenças ou até mesmo verbas que não foram pagas e que, portanto, não foram quitadas.

O § 3º do art. 18 da Lei 8.036 (FGTS) exime o empregador exclusivamente quanto aos valores discriminados no termo de rescisão contratual quanto ao FGTS e indenização de 40% pagos no referido documento. Poder-se-ia entender que o § 2º do art. 477 da CLT teria sido derrogado no que diz respeito ao termo *parcelas*, que passa a ser substituído por *valores*. Contudo, a norma especial não revoga a geral, além do que cada uma delas tem campos distintos de atuação, e o § 3º do art. 18 da Lei 8.036 valeria apenas para o FGTS e indenização, referindo-se aos valores constantes do termo de quitação.

O sindicato, entretanto, não poderá apreciar na assistência se as horas extras foram integradas corretamente, pois pode ocorrer que certas horas extras não tenham sido pagas ou, v. g., o FGTS não tenha sido recolhido corretamente, havendo divergência no cálculo da indenização de 40%, esquecendo-se o empregador de computá-la quanto aos depósitos sacados na vigência do contrato de trabalho para aquisição de moradia própria do empregado, pelo Sistema Financeiro da Habitação. Muitas vezes, o sindicato não tem condições de verificar se as parcelas pagas estão corretas, como ocorre no caso da indenização de 40% do FGTS, no exemplo citado. Em outros casos, haverá necessidade de prova, como na hipótese de horas extras não saldadas ao empregado, que só poderá ser feita na Justiça do Trabalho.

A quitação evidentemente só vai valer quanto às parcelas discriminadas no termo de rescisão contratual, como dispõe a parte final do § 2º do art. 477 da CLT. Verbas não colocadas no termo de rescisão poderão ser reclamadas, como horas extras, importâncias pertinentes a período sem registro, diferenças de equiparação salarial ou de piso salarial. Parcelas que não foram expressamente consignadas no termo de rescisão contratual são verbas que não foram pagas, não gerando quitação.

Em 9-2-1994, foi editada a Resolução Administrativa 04/94 do TST, dando nova redação a Súmula 330: "Quitação. Validade. Revisão do Enunciado. A quitação passada pelo empregado, com assistência de entidade sindical de sua categoria, ao empregador, com observância dos requisitos exigidos nos parágrafos do art. 477, da Consolidação das Leis do Trabalho, tem eficácia liberatória em relação às parcelas expressamente consignadas no recibo, salvo se oposta ressalva expressa e especificada ao valor dado à parcela ou parcelas impugnadas." Na verdade, o que foi acrescentado à redação do referido verbete foi apenas a ressalva.

A Resolução 108/2001 do TST acrescentou dois incisos a Súmula 330:

> II – A quitação não abrange parcelas não consignadas no recibo de quitação e, consequentemente, seus reflexos em outras parcelas, ainda que essas constem desse recibo.
>
> II – Quanto a direitos que deveriam ter sido satisfeitos durante a vigência do contrato de trabalho, a quitação é válida em relação ao período expressamente consignado no recibo de quitação.

Se houver dúvidas a respeito das verbas pagas, deve o sindicato fazer as ressalvas que julgar necessárias. A ressalva serve mais ao sindicato que ao empregado, quanto a sua responsabilidade, pois mesmo não havendo ressalva, se o empregado não recebeu o que lhe era devido, poderá reclamar as diferenças.

O fato de a Súmula 330 do TST falar em ressalva expressa e especificada ao valor dado à parcela ou parcelas impugnadas em nada modifica a questão, pois, mesmo que a ressalva não seja feita, não haverá quitação quanto à verba não paga ou paga em valor inferior ao devido. Diante do texto da Súmula 41 do TST, a ressalva, inclusive, era desnecessária, já que a quitação seria apenas para valores.

A Súmula 330 do TST evidentemente não vai impedir o empregado de ingressar em juízo após a homologação do pagamento das verbas rescisórias, como admite a Resolução Administrativa 04/94 do TST em seus *consideranda*, pois é consagrado "o direito de petição aos Poderes Públicos em defesa de direitos ou contra ilegalidade ou abuso de poder" (art. 5º, XXXIV, a, da Constituição), e "a lei não excluirá da apreciação do Poder Judiciário lesão ou ameaça a direito" (art. 5º, XXXV, da Lei Maior).

Assim, o pagamento feito na rescisão contratual quita parcelas, mas não impede o empregado de reclamar eventual lesão a direito, principalmente quando recebeu verbas inferiores às devidas ou que não foram integrais, como em caso da falta de integração das horas extras nas verbas rescisórias, como também admite a Resolução 04/94 do TST ao dizer que "a quitação, como está expresso no Enunciado, não alcança parcela omitida e, consequentemente, seus reflexos em outras parcelas, ainda que constantes do recibo".

Há ponderações no sentido de que, com a homologação, há ato jurídico perfeito. O STF já decidiu dessa forma:

> "Recibo de quitação de rescisão de contrato de trabalho, formalizada de acordo com a lei vigente ao tempo de sua assinatura, configura ato jurídico perfeito, e decisão que o desconsidera fere o disposto no art. 153, § 3º, da Constituição Federal" (STF, RE 92.721-2/MG-Ac. 2ª T., j. 10-3-81, Rel. Min. Djaci Falcão, in LTr 45-10/1197).

Não se pode acolher o argumento de que o empregado recebe qualquer coisa que lhe paguem na rescisão e que assim não haveria ato jurídico perfeito, pois o sindicato ou o Ministério do Trabalho estão ali no ato para orientá-lo, podendo perfeitamente o empregado não receber nenhum valor, já que dispõe de vontade própria, podendo também ser feita prova em juízo no sentido de que houve algum vício de consentimento (erro, dolo, coação ou fraude). Também não colhe a afirmação de que no processo civil há uma igualdade das partes, enquanto no processo do trabalho há uma desigualdade flagrante, visto que a assistência não é realizada na Justiça do Trabalho, mas na DRT ou no sindicato, que estão ali para prestar assistência ao trabalhador, principalmente a última entidade.

As Comissões de Conciliação foram criadas para dirimir questões trabalhistas e não para assistir o trabalhador na rescisão dos contratos dos empregados com mais de um ano de empresa. Assim, persiste em vigor o § 1º do art. 477 da CLT, sendo necessária a assistência à rescisão contratual do empregado com mais de um ano de empresa, que será feita na DRT ou no sindicato. São, portanto, institutos diversos, que subsistem separadamente.

14.5 EFICÁCIA LIBERATÓRIA

O projeto original, que deu origem à Lei 9.958, previa que o acordo iria ser homologado pelo juiz do trabalho, visando evitar fraudes, mas não foi aprovado pelo Congresso Nacional.

Dispõe o parágrafo único do artigo 625-E da CLT que o termo de conciliação terá eficácia liberatória geral, exceto quanto às parcelas expressamente ressalvadas.

O artigo tem inspiração na Súmula 330 do TST, quanto a eficácia liberatória e ressalvas.

A Súmula 330 do TST usa a expressão *eficácia liberatória*, enquanto a Lei 9.958 emprega o termo *eficácia liberatória geral* no parágrafo único do art. 625-E da CLT.

Alguns poderão dizer que a eficácia liberatória é total, fazendo-se a interpretação literal da norma, pois o empregado está diante do representante dos empregados, que irá aconselhá-lo a não aceitar verbas incorretas ou a fazer ressalvas. Isso, porém, já ocorria em relação à assistência prestada na rescisão do contrato de trabalho que era feita perante o sindicato, em que o representante da agremiação também estava lá para esclarecer o empregado.

"Aos direitos objeto da conciliação poderá ser dada quitação total, devendo-se ressalvar as parcelas referentes a esses em relação às quais não se tenha atingido a conciliação" (art. 13, VII da Portaria 329). O dispositivo é contraditório, pois se o inciso IV do artigo 13 permite que se dê quitação apenas do postulado, o inciso VII do artigo 13 não pode permitir a quitação total. Entretanto, pode ser feita a interpretação no sentido de que a quitação total se refere aos direitos objeto da conciliação, que seriam os postulados perante a Comissão. A ressalva de parcelas tem previsão no parágrafo único do artigo 625-E da CLT.

A eficácia liberatória geral só pode dizer respeito ao que estiver constando do termo de conciliação e não em relação ao contrato de trabalho, salvo se assim for descrito no termo.

Prevê o art. 320 do Código Civil que a quitação designará o valor e a espécie da dívida quitada, o nome do devedor, ou quem por este pagou, o tempo e lugar do pagamento, com a assinatura do credor ou de seu representante. Não haverá eficácia liberatória daquilo que não foi pago.

Assim, a quitação compreende apenas as parcelas e valores pagos e não os títulos. Se não houve o pagamento integral, o empregado poderá reclamar eventuais diferenças ou até mesmo verbas que não foram pagas e que, portanto, não foram quitadas.

É claro que o empregado poderá fazer ressalvas expressas em relação àquilo que não foi quitado. O fato de a lei fazer referência a ressalva expressa em nada modifica a questão, pois, mesmo que a ressalva não seja feita, não haverá quitação quanto à verba não paga ou paga em valor inferior ao devido.

Mesmo em relação a Súmula 330 do TST, há jurisprudência que entende que a quitação é apenas do que for pago ao empregado:

> "A teor do Enunciado 330 do c. TST, a quitação dada pelo empregado, com a observância dos requisitos expressos nos parágrafos do art. 477 Consolidado, refere-se exclusivamente às verbas consignadas no termo rescisório, não obstando a pretensão ao percebimento das parcelas ali não discriminadas" (TRT 12ª R, RO-V 9280/97, Ac. 2ª T., 04330/98, Rel. Juíza Maria Aparecida Caitano. In: CARRION, Valentin. *Nova jurisprudência em direito do trabalho*. São Paulo: Saraiva, 2º semestre de 1999, p. 383, n. 2.312).

A quitação passada pelo empregado no termo de conciliação firmado perante a Comissão somente se refere aos direitos expressamente reclamados na demanda, independentemente de ressalvas (art. 13, VI da Portaria 329).

Isso mostra que não irá se referir a outros direitos que deixaram de ser postulados perante a Comissão.

Há julgados entendendo da mesma forma:

Comissão de conciliação prévia. Acordo. Eficácia liberatória. Limitação. A eficácia liberatória geral deferida pelo art. 625-E, parágrafo único, da CLT deve ser considerada restritivamente, em face do disposto nos incisos XXXIV e XXXV do art. 5º e XXIX do art. 7º da Constituição Federal. Nesse norte, a quitação decorrente de ajuste firmado perante a Comissão de Conciliação Prévia deve limitar-se aos valores consignados no respectivo termo, não se podendo negar a prestação jurisdicional quando o trabalhador recorre ao Poder Judiciário para buscar a reparação a que efetivamente tem direito. Na hipótese, constatando-se que o acordo previamente firmado entre as partes não abrange as parcelas alegadas na exordial, impossível acobertar a tese de quitação plena admitida na sentença de primeiro grau. Recurso do reclamante provido, determinando-se a devolução dos autos à vara de origem para a devida apreciação do mérito da demanda (TRT 13ª Região, RO 0984/2003, Ac. 72970, Rel. Francisco de Assis Carvalho e Silva, *DOE* 1-5-2003, *Revista Synthesis*, Porto Alegre: Síntese, n. 37/03, p. 230).

No mesmo sentido houve julgamento da 3ª Turma do TRT da 2ª Região, em que foi relatora designada a juíza Mércia Tomazinho. O dispositivo da decisão dá provimento parcial ao recurso para "reconhecer que a conciliação havida entre as partes restringe-se aos títulos constantes da reivindicação acordada, declarando a nulidade da sentença de fls. 112/3 e determinando o retorno dos autos à Vara de origem, para que nova decisão seja proferida quanto aos pedidos formulados na exordial" (RO 00616.2002.010.02.00-7, j. 25-5-04).

A lei, porém, não faz qualquer restrição em relação à eficácia da conciliação. Ao contrário, atribui eficácia liberatória geral. Se a lei não distingue, não cabe ao intérprete fazê-lo. Se a lei é clara no sentido de atribuir eficácia liberatória geral (parágrafo único do art. 625-E da CLT), não se pode dizer que a quitação é apenas dos pedidos feitos perante a Comissão.

Na própria Justiça do Trabalho, é dada quitação de todo o contrato de trabalho, mesmo em relação a pedidos restritos a certas verbas ou certo período do pacto laboral.

A Orientação Jurisprudencial 132 da SBDI-2 do TST esclarece: "Acordo celebrado – homologação judicialmente – em que o empregado dá plena e ampla liquidação, sem qualquer ressalva, alcança não só o objeto da inicial, como também todas as demais parcelas referentes ao extinto contrato de trabalho, violando a coisa julgada, a propositura de nova reclamação trabalhista."

A finalidade dos conciliadores é justamente orientar as partes a respeito do alcance do acordo. Se o representante dos empregados não orienta o trabalhador quanto à quitação do contrato de trabalho e isso vem a constar do termo, foi do interesse do trabalhador a referida hipótese. Não se pode dizer que há fraude no caso, que deverá ser provada pelo interessado. Fraude não se presume, deve ser provada.

Despicienda a assertiva de que há ato jurídico perfeito em relação ao contrato de trabalho em razão da eficácia liberatória do termo de conciliação, pois o pagamento feito quita apenas aquilo que foi saldado. Verbas não pagas ou pagas em valores inferiores ao devido não estarão quitadas, nem se pode dizer que haverá quitação do contrato de trabalho, salvo se assim for expressamente indicado. As disposições do § 2º do art. 477 da CLT não são tão amplas a ponto de se entender que há quitação de tudo ou de todas as parcelas e valores na assistência de rescisão do contrato de trabalho.

Haveria, entretanto, coisa julgada se o termo de conciliação fosse homologado em juízo, o que produziria, portanto, efeitos liberatórios. Isso não ocorre em relação ao termo de conciliação celebrado perante a Comissão, pois não diz respeito a processo, nem é feito na Justiça do Trabalho.

Assim, se a parcela não tiver sido objeto de assistência, ou o pagamento for inferior ao devido, poderá haver reivindicação judicialmente do que não tiver sido recebido. A transação interpreta-se restritivamente (art. 843 do CC), assim como os negócios jurídicos benéficos interpretam-se estritamente (art. 114 do CC); porém, a assistência não importa transação, pois inexistem *res dubia* e concessões mútuas no pagamento das verbas rescisórias (art. 840 do CC), apenas são saldadas as importâncias devidas ao empregado. A transação não mais produz efeitos de coisa julgada, como fazia referência ao artigo 1.030 do Código Civil de 1916, em razão de que não se está homologando acordo em juízo, mas é feito um acordo extrajudicial. Logo, pelo fato de se interpretar a transação de forma restrita, quita-se apenas o que foi pago.

Não se poderá falar em eficácia liberatória geral em casos em que a Comissão faz assistência na rescisão contratual, pois essa não é a finalidade da Comissão.

Havendo ressalvas específicas no termo de conciliação, o empregado poderá reivindicar os respectivos direitos perante a Justiça do Trabalho.

14.6 CONTRIBUIÇÃO PREVIDENCIÁRIA

Tendo a verba a ser paga ao empregado natureza salarial, em decorrência da conciliação feita na comissão, haverá a incidência da contribuição previdenciária. Para esse fim, mister se faz verificar a previsão do art. 28 da Lei 8.212 sobre incidência da contribuição e o § 9º do mesmo artigo sobre não incidência.

Para efeito de recolhimento de contribuição previdenciária, deve haver discriminação do que está sendo pago (parágrafo único do art. 43 da Lei 8.212), pois, do contrário, o INSS não aceitará e considerará que todas as verbas têm natureza salarial (§ 2º do art. 276 do Regulamento da Previdência Social).

Não poderá haver discriminação por porcentuais, pois o § 3º do art. 276 do Regulamento da Previdência Social determina que não se considera como discriminação de parcelas legais de incidência de contribuição previdenciária a fixação de porcentual de verbas remuneratórias e indenizatórias, como costuma ser feito em acordos homologados na Justiça do Trabalho.

Quando do pagamento, o empregador deverá reter a contribuição que é devida pelo empregado, de acordo com as parcelas integrantes do salário de contribuição, recolhendo em guia própria a contribuição do obreiro e a da empresa.

15
PRAZO PRESCRICIONAL

Prescrição é a perda da pretensão ao direito de ação pelo decurso do prazo para sua propositura. Decadência é a perda do direito por seu não-uso no tempo apropriado.

O prazo prescricional será suspenso a partir da provocação da Comissão de Conciliação Prévia, recomeçando a fluir, pelo que lhe resta, a partir da tentativa frustrada de conciliação ou do esgotamento do prazo de 10 dias para a realização da sessão de tentativa de conciliação (art. 625-G da CLT). A lei, portanto, faz referência a prazo de prescrição e não de decadência.

Suspensão de prazo prescricional quer dizer que se conta o tempo anterior já transcorrido. Se fosse o caso de interrupção do prazo, este seria reiniciado desde o primeiro dia.

A suspensão do prazo irá ocorrer a partir da provocação da comissão, com a reclamação do obreiro.

O prazo irá recomeçar a fluir a partir da tentativa frustrada de conciliação ou do esgotamento do prazo de 10 dias para a designação de sessão para tentativa de conciliação (art. 625-F da CLT). No 11º dia, no último caso, recomeçará a fluir o prazo de prescrição. Mesmo que a conciliação seja realizada fora desse prazo, não continua suspenso o prazo de prescrição. Mesmo que a conciliação seja realizada fora desse prazo, não continua suspenso o prazo de prescrição.

Somente haverá a suspensão da prescrição em relação às matérias que forem submetidas à apreciação da comissão. As demais terão a fluência normal do prazo prescricional.

Caso o empregado proponha a ação na Justiça do Trabalho e dê causa ao arquivamento do processo, por não comparecer na primeira audiência, haverá interrupção da prescrição (§3.º do art. 11 da CLT e Súmula 268 do TST), recomeçando a correr novamente por inteiro o prazo prescricional.

16
Vigência

A regra é de que a lei entra em vigor 45 dias depois de oficialmente publicada (art. 1º da Lei de Introdução às Normas do Direito Brasileiro). A exceção ocorre quando a lei determina que entrará em vigor na data de sua publicação, como ocorre com a maioria das leis.

O projeto original sobre as comissões previa que a lei teria vigência imediata. Na tramitação do projeto, o período de vigência foi alterado para 30 dias depois de sua publicação. Posteriormente, ficou em 90 dias.

Reza o art. 4º da Lei 9.958 que a norma entra em vigor 90 dias da data de publicação, que ocorreu em 13-1-2000. É a chamada *vacatio legis*. Entrou, portanto, em vigor em 12-4-2000.

O objetivo da entrada em vigor da norma em 90 dias é de dar tempo às pessoas para tomarem conhecimento da nova disposição, podendo ser melhor debatida, estudada e compreendida para que possa ser corretamente aplicada.

17
DIREITO INTERNACIONAL E ESTRANGEIRO

17.1 DIREITO INTERNACIONAL

17.1.1 OIT

A Convenção 158 da OIT estabelece regras sobre a dispensa imotivada do trabalhador.

O Brasil tinha aprovado a referida norma internacional pelo Decreto legislativo 68, de 17-9-1992. Foi promulgada pelo Decreto 1.855, de 10-4-1996. Entretanto, a regra internacional foi denunciada pelo Decreto 2.100, de 20-12-1996. Assim, não está mais em vigor em nosso país.

O art. 8º da Convenção 158 da OIT não trata exatamente de comissão de conciliação, mas de que o trabalhador que considerar injustificado o término de sua relação de trabalho terá o direito de recorrer contra tal determinação perante um organismo neutro, como, por exemplo, um tribunal, um tribunal do trabalho, uma junta de arbitragem ou um árbitro.

A Recomendação 92 da OIT, de 1951, prevê no artigo 1.º que deverão ser estabelecidos organismos de conciliação voluntária, apropriados às condições nacionais, com o objetivo de contribuir para a prevenção e solução dos conflitos de trabalho entre empregadores e trabalhadores. A conciliação é voluntária e não obrigatória.

A Recomendação 94 da OIT propõe a criação de organismos de consulta e colaboração entre empregadores e trabalhadores, de âmbito empresarial, cuja competência deveria excluir apenas as controvérsias trabalhistas inseridas no campo da negociação coletiva.

A Recomendação 130 da OIT, de 1967, que trata de solução de conflitos de forma autônoma dentro da empresa, prevê que não poderá haver limitação de acesso do trabalhador ao Judiciário.

17.2 DIREITO ESTRANGEIRO

17.2.1 Argentina

Um órgão do Ministério do Trabalho e da Seguridade Social (SE-CLO) expede um certificado de que foi esgotado o procedimento de conciliação obrigatória realizado perante um profissional designado pelo Estado entre uma lista de especialistas, que é elaborada pelo Ministério da Justiça entre profissionais da área jurídica.

A Lei 24.635/96 determina regras para a conciliação obrigatória nos litígios trabalhistas. Os conflitos individuais e plurindividuais que versem sobre conflitos de direito na Justiça do Trabalho serão dirimidos com caráter obrigatório e prévio da demanda judicial (art. 1º). Exceções seriam as medidas cautelares, diligências preliminares e antecipadas (art. 2º). O procedimento é gratuito (art. 3º). O conciliador tem de ter o título de advogado com antecedentes trabalhistas (art. 6º). O reclamante ou o sindicato requererão o procedimento mediante petição (art. 7º). O conciliador é designado pelo Serviço Nacional Laboral Obrigatório. Terá o conciliador seus honorários definidos pelo Ministério da Justiça (art. 12). Deverá o conciliador apresentar sua proposta em 20 dias. Se fracassar a conciliação, o conciliador poderá propor arbitragem (art. 28).

17.2.2 Espanha

A Lei de Conselhos de Conciliação e Arbitragem industrial, de 1908, é considerada o ponto de partida das conciliações trabalhistas.

Existe, na Espanha, o sistema de mediação, arbitragem e conciliação que pode ser realizado nos órgãos indicados pelos convênios coletivos. Os acordos celebrados têm força executiva perante o juiz do trabalho. Será carecedora da ação a parte que ingressar com reclamação judicial sem provar que antes houve tentativa de conciliação extrajudicial.

O Real Decreto-lei 5, de 26 de janeiro de 1979, instituiu o Instituto de Medição, Arbitragem e Conciliação.

Reconhece o art. 1.816 do Código Civil a eficácia de coisa julgada nas transações, quando sejam provenientes de conciliação ou mediação. Não reconhece esse efeito em relação aos laudos arbitrais.

A Ley de Procedimiento Laboral, de 1990, que foi reformulada pelo Real Decreto legislativo 2/95, determina que o direito de ingresso em juízo fica submetido à tentativa de conciliação. A conciliação é feita perante o serviço administrativo correspondente ou o órgão que assumir essas funções segundo os acordos e convenções coletivas (art. 63). Será carecedor da ação a parte que ingressar com reclamação judicial sem provar que antes houve tentativa de conciliação extrajudicial.

17.2.3 Estados Unidos

Foi instituído o serviço de conciliação dos Estados Unidos para o setor público em 1913, como parte integrante do Departamento do Trabalho. Nesse caso, o conciliador apenas levava as partes a uma sala e pedia que se conciliassem, terminando sua responsabilidade nesse momento.

17.2.4 Finlândia

A paralisação do trabalho somente é permitida depois da intervenção do conciliador nomeado pelo governo (Lei de 27-7-1962).

17.2.5 França

Algumas convenções coletivas preveem a existência das comissões de conciliação para a solução de certos conflitos individuais de trabalho. Às vezes, os delegados de pessoal ajudam a solucionar os conflitos, competindo a eles apresentar ao empregador as reclamações dos empregados relacionadas com a aplicação das normas legais, regulamentares ou coletivas, concernentes à relação de trabalho (art. L1422-1, do Código do Trabalho).

A conciliação é realizada perante o Conselho de Prud'hommes (art. L1454-1). São determinadas as atribuições, organização e funcionamento dos Conselhos, eleição dos conselheiros, órgãos de conciliação e de julgamento (art. L1441-6 e ss. do Código do Trabalho), o processo perante o Conselho (art. L1451-1). Inexistindo acordo, o processo passa para o órgão de instrução e julgamento, que pertence ao próprio tribunal. Da decisão proferida pelo Conselho o recurso cabível é dirigido ao Tribunal Comum.

Está na missão do juiz a conciliação (art. 21 do CPC). A conciliação é tentada, salvo se houver disposição particular, no lugar, no momento e nas condições que o juiz estime favoráveis e segundo as modalidades que ele fixe (art. 129 do CPC). As partes podem sempre pedir ao juiz para fazer a conciliação (art. 129-1).

17.2.6 Grã-Bretanha

A conciliação é uma forma de empregados e sindicatos chegarem a acordos bilaterais sobre seus conflitos, por meio de um terceiro que irá solucioná-lo, sendo que o procedimento é voluntário. Foi criado o Serviço Consultivo de Conciliação e Arbitragem (Advisory Conciliation and Arbitration Service – ACAS), desde 1896, em que seus funcionários atuam apenas como consultores.

17.2.7 Itália

A Itália tem regra no sentido de que os empregados de ferrovias, de estradas e linhas de navegação devem formular diretamente sua reclamação à empresa, podendo ser ajuizada a ação somente depois de decidida a reclamação ou ultrapassado o prazo de 30 dias. Foi arguida a inconstitucionalidade da referida norma, com fundamento no artigo 24.1 da Constituição, que determina que "todos podem demandar em juízo para a tutela de seus próprios direitos e interesses legítimos" e o artigo 25 que dispõe que "ninguém poderá ser privado do juiz natural pré-constituído por lei". A Corte Constitucional italiana entendeu que não há inconstitucionalidade se o legislador ordinário tem a prerrogativa de diferir no tempo o direito de ação, desde que não torne difícil ou impossível o exercício do direito de ação.

O sistema italiano determina que a pessoa que pretender ingressar com ação individual e não se utilizar dos procedimentos de conciliação, previstos nos acordos e convenções coletivas de trabalho, pode requerer a conciliação perante a comissão de conciliação da circunscrição da sede da empresa ou qualquer dependência desta, à qual o trabalhador seja subordinado.

A conciliação é facultativa, podendo ser sindical ou administrativa (Lei 533, de 1973). Pode ser feita perante os órgãos previstos nos acordos ou convenções coletivas. Inexistindo esse órgão, a conciliação será feita perante a comissão de conciliação da circunscrição da sede da empresa ou perante o pretor.

O art. 410 do Código de Processo Civil menciona a possibilidade de conciliação entre empregado e empregador celebrada na comissão de conciliação, instituída por meio de provimento do diretor do ofício provincial do trabalho.

A comissão pode convocar as partes para reunião em 10 dias. Pode a conciliação ser tentada perante o pretor, por meio de um procedimento verbal e simplificado. Frustrada a conciliação, o procedimento segue perante o pretor, com as seguintes etapas: apresentação da petição inicial (art. 414 do CPC); audiência (art. 415); defesa (art. 417); depoimentos (art. 420); ordem de pagamento do incontroverso em qualquer momento (art. 423); perícias (art. 424); há dois procedimentos: o ordinário e o especial (arts. 426 e 427); sentença (art. 429); execução provisória (art. 431); e recurso (art. 433) para o tribunal comum.

17.2.8 Portugal

Já existiram as comissões de conciliação em Portugal, porém foram extintas. Hoje, a tentativa de conciliação é judicial (art. 50 do CPT – Decreto-lei 272-A, de 30-9-1981).

Os arts. 16 a 25 do Decreto-lei 64-A/89 versam sobre o despedimento coletivo. Nas dispensas coletivas, o empregador deve comunicar o despedimento, por escrito, à comissão de trabalhadores ou, em sua falta, à comissão intersindical ou comissões sindicais da empresa representativas dos trabalhadores a abranger. A comunicação deve ser acompanhada dos fundamentos econômicos, financeiros ou técnicos; indicação dos critérios que servirão de base à seleção dos trabalhadores a despedir; indicação do número de trabalhadores a despedir e das categorias profissionais abrangidas. A comissão poderá fazer oposição em 15 dias, por meio de parecer fundamentado quanto à não-verificação dos motivos invocados pelo empregador. Pode haver a intervenção da inspeção do trabalho para fiscalizar os critérios adotados. A decisão do empregador deverá indicar o motivo da dispensa, a inviabilidade das alternativas, a prova da observância da seleção social e a data da cessação dos contratos de trabalho.

Os Conflitos coletivos pode ser resolvido por conciliação (art. 523º, 1, do Código do Trabalho). A conciliação pode ter lugar em qualquer altura: a) por acordo das partes; b) por iniciativa de uma das partes, em caso de falta de resposta à proposta de celebração ou de revisão de convenção coletiva, ou mediante aviso prévio de oito dias, por escrito, à outra parte (art. 523º, 3).

A conciliação, caso seja requerida, é efetuada pelo serviço competente do ministério responsável pela área laboral, assessorado, sempre que necessário, pelo serviço competente do ministério responsável pelo setor de atividade. O requerimento de conciliação deve indicar a situação que a fundamenta e o objeto da mesma, juntando prova do aviso prévio no caso de ser subscrito por uma das partes. Nos 10 dias seguintes à apresentação do requerimento, o serviço competente verifica a regularidade daquele e convoca as partes para o início da conciliação, devendo, em caso de revisão de convenção coletiva, convidar para a conciliação a associação sindical ou de empregadores participantes no processo de negociação e não envolvida no requerimento. A associação sindical ou de empregadores referida na segunda parte do número anterior deve responder ao convite no prazo de cinco dias. As partes convocadas devem comparecer em reunião de conciliação. A conciliação inicia-se com a definição das matérias sobre as quais vai incidir. No caso de a conciliação ser efetuada por outra entidade, as partes devem informar do início e termo respetivos o serviço competente do ministério responsável pela área laboral. Comete contra ordenação grave a associação sindical, a associação de empregadores ou o empregador que não se faça representar em reunião para que tenha sido convocado (art. 524.º).

A conciliação pode ser transformada em mediação, nos termos dos artigos seguintes (art. 525º).

17.2.9 Suíça

Na Suíça, existe o Escritório Federal de Conciliação desde 12 de fevereiro de 1949.

17.2.10 Suécia

Há, na Suécia, um serviço oficial de conciliação e mediação autônomo e independente, encarregado de proceder à conciliação. O escritório de Estocolmo coordena oito escritórios regionais.

17.2.11 Uruguai

Determina o Decreto-lei 14.188, de 5-4-1974, que não é possível iniciar um processo judicial trabalhista sem antes haver a tentativa de conciliação prévia perante o Ministério do Trabalho e da Seguridade Social.

CONCLUSÃO

A criação das Comissões é uma forma de incentivo aos sistemas alternativos de solução de conflitos trabalhistas.

As Comissões podem prestar relevante serviço público, ao promoverem a conciliação nas demandas trabalhistas, diminuindo o número de ações trabalhistas na Justiça do Trabalho. Entretanto, têm ocorrido muitos abusos, que precisam ser coibidos.

Os empregadores talvez tenham grande interesse na criação de comissões no âmbito da empresa, de modo que o termo de conciliação produza a eficácia liberatória geral e o empregado não mais possa reclamar qualquer valor na Justiça do Trabalho. O objetivo será a quitação total, inclusive do contrato de trabalho. Seria, assim, estabelecida uma quitação ampla, geral e irrestrita.

Fraudes poderão ocorrer, cabendo ao representante dos empregados fiscalizar para que não aconteçam.

Os advogados poderão não ter interesse na criação das comissões, pois argumentarão que elas lhes retirarão os clientes. O mesmo argumento foi usado em relação aos juizados de pequenas causas, porém nada disso ocorreu. Passa, contudo, o procedimento a ser um outro campo de atuação para o advogado, que poderá atuar nas comissões, representando seu cliente.

É preciso mudar a concepção cultural do brasileiro de ser reticente, ter desconfiança ou aversão a procedimentos extrajudiciais de solução de conflitos, como já ocorria com a arbitragem, com os juizados de pequenas causas e pode ocorrer com as Comissões de Conciliação Prévia. O brasileiro sempre prefere que o conflito seja solucionado pelo Poder Judiciário. Entretanto, para conciliar não é preciso a existência de um órgão específico do Poder Judiciário, que tem a competência para dizer o direito nos casos concretos que lhe são submetidos à apreciação.

Preferiria que fosse criado o juizado especial de pequenas causas trabalhistas, com o recurso de suas decisões julgado por colegiado integrado por juízes de primeiro grau, por ter um trâmite rápido e simplificado, fazendo coisa julgada entre as partes, além de diminuir efetivamente o número de reclamações trabalhistas na Justiça do Trabalho. Esta, assim, poderia passar a cuidar de casos mais complexos e de matéria de direito, em que seria impossível a solução conciliatória.

O resultado do trabalho das comissões só será realmente sentido no futuro, até que haja negociação sobre as comissões, estas sejam instaladas, façam as conciliações, quando se verificará se haverá ou não diminuição dos processos na Justiça do Trabalho. Se o resultado for positivo, a Justiça do Trabalho terá condições de apreciar os processos com mais qualidade e até maior celeridade.

Não vejo nas comissões o início do fim da Justiça do Trabalho, pois há necessidade da criação de meios alternativos para a solução dos conflitos trabalhistas. Caso as comissões funcionem efetivamente, caberá à Justiça do Trabalho julgar questões mais complexas e, principalmente, matéria de direito, que não serão resolvidas por meio de conciliação.

As comissões não representam um procedimento de flexibilização de direitos trabalhistas, mas um meio de conciliação para os conflitos individuais do trabalho, que é matéria de processo do trabalho e não de direito material do trabalho.

Já ministrei aulas ou palestras sobre o tema em várias cidades do país. Inicialmente, minha impressão era de que as comissões iriam funcionar. À medida que o tempo foi passando e tendo viajado para várias localidades, verifiquei o contrário.

As comissões devem continuar a existir, pois a ideia é boa. É preciso aperfeiçoar o sistema, como na poda da árvore, em relação aos galhos secos e fracos, para que ela possa crescer, frondosa, continuando a dar os frutos de que necessitamos, e diminuir o número de reclamações na Justiça do Trabalho.

Apêndice de Legislação

LEI 9.958, DE 12 DE JANEIRO DE 2000

Altera e acrescenta artigos à Consolidação das Leis do Trabalho – CLT, aprovada pelo Decreto-lei 5.452, de 1º de maio de 1943, dispondo sobre as Comissões de Conciliação Prévia e permitindo a execução de título executivo extrajudicial na Justiça do Trabalho.

O Presidente da República

Faço saber que o Congresso Nacional decreta e eu sanciono a seguinte Lei:

Art. 1º A Consolidação das Leis do Trabalho – CLT, aprovada pelo Decreto-lei 5.452, de 1º de maio de 1943, passa a vigorar acrescida do seguinte Título VI-A:

"TÍTULO VI-A
DAS COMISSÕES DE CONCILIAÇÃO PRÉVIA

Art. 625-A. As empresas e os sindicatos podem instituir Comissões de Conciliação Prévia, de composição paritária, com representantes dos empregados e dos empregadores, com a atribuição de tentar conciliar os conflitos individuais do trabalho.

Parágrafo único. As Comissões referidas no *caput* deste artigo poderão ser constituídas por grupos de empresas ou ter caráter intersindical.

Art. 625-B. A Comissão instituída no âmbito da empresa será composta de, no mínimo, dois e, no máximo, dez membros, e observará as seguintes normas:

I – a metade de seus membros será indicada pelo empregador e a outra metade eleita pelos empregados, em escrutínio secreto, fiscalizado pelo sindicato da categoria profissional;

II – haverá na Comissão tantos suplentes quantos forem os representantes titulares;

III – o mandato dos seus membros, titulares e suplentes, é de um ano, permitida uma recondução.

§ 1º É vedada a dispensa dos representantes dos empregados membros da Comissão de Conciliação Prévia, titulares e suplentes, até um ano após o final do mandato, salvo se cometerem falta grave, nos termos da lei.

§ 2º O representante dos empregados desenvolverá seu trabalho normal na empresa, afastando-se de suas atividades apenas quando convocado para atuar como conciliador, sendo computado como tempo de trabalho efetivo o despendido nessa atividade.

Art. 625-C. A Comissão instituída no âmbito do sindicato terá sua constituição e normas de funcionamento definidas em convenção ou acordo coletivo.

Art. 625-D. Qualquer demanda de natureza trabalhista será submetida à Comissão de Conciliação Prévia se, na localidade da prestação de serviços, houver sido instituída a Comissão no âmbito da empresa ou do sindicato da categoria.

§ 1º A demanda será formulada por escrito ou reduzida a termo por qualquer dos membros da Comissão, sendo entregue cópia datada e assinada pelo membro aos interessados.

§ 2º Não prosperando a conciliação, será fornecida ao empregado e ao empregador declaração da tentativa conciliatória frustrada com a descrição de seu objeto, firmada pelos membros da Comissão, que deverá ser juntada à eventual reclamação trabalhista.

§ 3º Em caso de motivo relevante que impossibilite a observância do procedimento previsto no *caput* deste artigo, será a circunstância declarada na petição inicial da ação intentada perante a Justiça do Trabalho.

§ 4º Caso exista, na mesma localidade e para a mesma categoria, Comissão de empresa e Comissão sindical, o interessado optará por uma delas para submeter sua demanda, sendo competente aquela que primeiro conhecer do pedido.

Art. 625-E. Aceita a conciliação, será lavrado termo assinado pelo empregado, pelo empregador ou seu preposto e pelos membros da Comissão, fornecendo-se cópia às partes.

Parágrafo único. O termo de conciliação é título executivo extrajudicial e terá eficácia liberatória geral, exceto quanto às parcelas expressamente ressalvadas.

Art. 625-F. As Comissões de Conciliação Prévia têm prazo de dez dias para a realização da sessão de tentativa de conciliação a partir da provocação do interessado.

Parágrafo único. Esgotado o prazo sem a realização da sessão, será fornecida, no último dia do prazo, a declaração a que se refere o § 2º do art. 625-D.

Art. 625-G. O prazo prescricional será suspenso a partir da provocação da Comissão de Conciliação Prévia, recomeçando a fluir, pelo que lhe resta, a partir da tentativa frustrada de conciliação ou do esgotamento do prazo previsto no art. 625-F.

Art. 625-H. Aplicam-se aos Núcleos Intersindicais de Conciliação Trabalhista em funcionamento ou que vierem a ser criados, no que couber, as disposições previstas neste Título, desde que observados os princípios da paridade e da negociação coletiva na sua constituição.

Art. 2º O art. 876 da Consolidação das Leis do Trabalho – CLT, aprovada pelo Decreto-Lei 5.452, de 1º de maio de 1943, passa a vigorar com a seguinte redação:

'Art. 876. As decisões passadas em julgado ou das quais não tenha havido recurso com efeito suspensivo; os acordos, quando não cumpridos; os termos de ajuste de conduta firmados perante o Ministério Público do Trabalho e os termos de conciliação firmados perante as Comissões de Conciliação Prévia serão executados pela forma estabelecida neste Capítulo.'

Art. 3º A Consolidação das Leis do Trabalho – CLT, aprovada pelo Decreto-lei 5.452, de 1º de maio de 1943, passa a vigorar acrescida do seguinte artigo:

'Art. 877-A. É competente para a execução de título executivo extrajudicial o juiz que teria competência para o processo de conhecimento relativo à matéria.'

Art. 4º Esta Lei entra em vigor no prazo de noventa dias da data de sua publicação.

Brasília, 12 de janeiro de 2000; 179º da Independência e 112º da República."

FERNANDO HENRIQUE CARDOSO
José Carlos Dias
Francisco Dornelles

BIBLIOGRAFIA

ALMEIDA, Amador Paes de. *Curso prático de processo do trabalho*. 6. ed. São Paulo: Saraiva, 1992.

ALMEIDA, Cleber Lúcio de. Comissões de conciliação prévia – considerações sobre a Lei n. 9.958/2000. *LTr* 64-02, p. 22.

ALVIM, J. M. Arruda. *Manual de processo civil*. São Paulo: Ed. RT, 1991. v. 2.

ARAGÃO, E. Moniz. *Comentários ao CPC*. Rio de Janeiro: Forense, 1974.

ARRUDA, Hélio Mário de. O procedimento sumaríssimo trabalhista e a conciliação extrajudicial prévia. *Repertório IOB de Jurisprudência*, n. 5, texto 2/15828, p. 87, 2000.

BELFORT, Fernando. Rito sumaríssimo e comissões de conciliação prévia. *LTr* 64-02, p. 184.

CARELLI, Rodrigo de Lacerda. Comissões de conciliação prévia. *Suplemento Trabalhista LTr* 021/00, p. 101.

CARRION, Valentin. *Comentários à CLT*. 11. ed. São Paulo: Ed. RT, 1989.

CARRION, Valentin. *Nova jurisprudência em direito do trabalho*. São Paulo: Saraiva, 1999.

CASTELO, Jorge Pinheiro. Comissão de conciliação prévia: filosofia, ideologia e interesses envolvidos na lei, inconstitucionalidade, perplexidades e situações específicas – limitações, exceções e alternativas. *LTr* 64-04/446.

CHIOVENDA, Giuseppe. *Principii di diritto processuale civile*. Nápoles: Jovene, 1928.

CHIOVENDA, Giuseppe. *Instituições de direito processual civil*. Campinas: Bookseller, 1998.

DINAMARCO, Cândido Rangel. *A reforma do código de processo civil*. 2. ed. São Paulo: Malheiros, 1995.

FERRARI, Irany. Procedimento sumaríssimo e comissões de conciliação prévia. *Suplemento Trabalhista LTr* 014/00, p. 63.

FIGUERÔA JÚNIOR, Narciso. As recentes alterações na legislação trabalhista: Leis ns. 9.957 e 9.958, de 12 de janeiro de 2000. *LTr* 64-02, p. 197.

FRAGA, Ricardo Carvalho, VARGAS, Luiz Alberto de. Falácia da simplicidade objetivamente determinável. *Suplemento Trabalhista LTr*, 037/00, p. 197.

FRANCO FILHO, Georgenor de Sousa. A lei das comissões de conciliação prévia. *LTr* 64-02, p. 174.

GIGLIO, Wagner. *A conciliação nos dissídios individuais do trabalho*. São Paulo: LTr, 1982.

GRINOVER, Ada Pellegrini. A conciliação extrajudicial na justiça do trabalho. *O processo em evolução*. Rio de Janeiro: Forense Universitária, 1996.

HADDAD, José Eduardo. As comissões de conciliação, o procedimento sumaríssimo e a crise do judiciário trabalhista. *LTr* 64-02, p. 187.

LEITE, Carlos Henrique Bezerra. Garantia no emprego dos representantes dos trabalhadores nas comissões de conciliação prévia. *Repertório IOB de Jurisprudência* n. 6/2000, texto 2/15876, p. 110.

LIMA FILHO, Francisco das C. Comissões de conciliação prévia. *Suplemento Trabalhista LTr* 038/00, p. 201.

MACIEL, José Alberto Couto. Comentários à Lei n. 9.958, de 12-1-2000. *LTr* 64-02, p. 178.

MAIOR, Jorge Luiz Souto. I – O procedimento sumaríssimo trabalhista; II – Comissões de conciliação prévia. *Suplemento Trabalhista LTr* 033/00, p. 159.

MALLET, Estevão. Primeiras linhas sobre as comissões de conciliação. *LTr*, 64-04/439.

MARTINS, Sergio Pinto. Comissões de conciliação prévia. *Repertório IOB de Jurisprudência*, n. 4, texto 2/15778, p. 68, 2000.

MARTINS, Sergio Pinto. Comissões de conciliação prévia. *Repertório IOB de Jurisprudência*, n. 4, texto 2/15778, p. 68, 2000.

MARTINS, Sergio Pinto. *Direito processual do trabalho*. 42. ed. São Paulo: Saraiva, 2020.

MARTINS, Sergio Pinto. Comissões de conciliação prévia e seus reflexos no departamento pessoal das empresas, Orientador Trabalhista Mapa Fiscal n. 6/2000, p. 5.

MARTINS, Sergio Pinto. Comissões de Conciliação Prévia e a Portaria n.m329/2002. Orientador Trabalhista Mapa Fiscal n. 9/2002, p. 3.

MARTINS, Sergio Pinto. As comissões de conciliação prévia no Brasil. *Jornal Valor Econômico*, Caderno Legislação & Tributos, 1.º de julho de 2003, p. E2;

MARTINS, Sergio Pinto. Comissões de Conciliação Prévia: alterações decorrentes da Portaria MTE n. 230, de 21-5-2004, *Carta Forense*, ano II, n. 15, julho de 2004, p. 6.

MARTINS, Sergio Pinto. Garantia de emprego do membro das comissões de conciliação prévia, Jornal do 8.º Congresso de Direito Individual do Trabalho, São Paulo, LTr, 27 e 28 de março de 2000, p. 88 (Jornal).

MARTINS, Sergio Pinto. A obrigatoriedade da conciliação prévia e o direito de ação, Jornal do 12.º Congresso Brasileiro de Direito Processual do Trabalho, São Paulo, LTr, julho de 2000, p. 39.

MARTINS, Sergio Pinto. Comissões de Conciliação Prévia – Principais problemas. Orientador Trabalhista *Thomson IOB*, Ano XXV, n. 12, dezembro de 2006, p. 3.

MARTINS FILHO, Ives Gandra da Silva. A justiça do trabalho do ano 2000: as Leis ns. 9.756/1998, 9.957 e 9.958/2000, a Emenda Constitucional nº 24/1999 e a reforma do judiciário. *LTr* 64-02, p. 161.

MOREIRA, José Carlos Barbosa. *O novo processo civil brasileiro*. 12. ed. Rio de Janeiro: Forense, 1992.

NASCIMENTO, Amauri Mascaro. *Iniciação ao direito do trabalho*. 21. ed. São Paulo: LTr, 1994.

NEGRÃO, Theotônio. *Código de processo civil*. 29. ed. São Paulo: Saraiva, 1998.

PINTO, Almir Pazzianotto. As duas leituras do enunciado n. 330. *Suplemento Trabalhista LTr* 028/94, p. 145, 1994.

PORTO, Francisco Osório. A contribuição previdenciária nos acordos celebrados nas comissões de conciliação prévia. *Suplemento Trabalhista LTr* 071/00, p. 435.

RANDS, Maurício. As comissões de conciliação prévia. *LTr* 64-04/465.

ROMITA, Arion Sayão. A conciliação numa justiça do trabalho democrática. *Direito do trabalho*: temas em aberto. São Paulo: LTr, 1998, p. 632.

ROMITA, Arion Sayão. *Equidade e dissídios coletivos*. Rio de Janeiro: Brasília, 1976.

ROSENBERG, Leo. *Tratado de derecho procesal civil*. Buenos Aires: Depalma, 1955, v. 2.

SANTOS, Moacyr Amaral. *Primeiras linhas de direito processual civil*. 7. ed. São Paulo: Saraiva, 1982, v. 2, p. 152.

SILVA, Marcello Ribeiro. Comissões de conciliação prévia: breves comentários à Lei n. 9.958/2000. *Repertório IOB de Jurisprudência* n. 10/2000, p. 186.

TEIXEIRA FILHO, Manoel Antonio. *Sistema dos recursos trabalhistas*. 3. ed. São Paulo: LTr, 1989.

TORNAGHI, Hélio. *Comentários ao CPC*. São Paulo: Ed. RT, 1976.

VASCONCELOS, Antônio Gomes de. *Núcleos intersindicais de conciliação trabalhista*. São Paulo: LTr, 1999.

VASCONCELOS, Antônio Gomes de. Os núcleos intersindicais de conciliação trabalhista na Lei n. 9.958/2000. *LTr* 64-02, p. 201.

VASCONCELOS, Antônio Gomes de. Sindicatos na administração da Justiça: mediação e arbitragem voluntárias nos dissídios individuais do trabalho. *Trabalho & Doutrina*. São Paulo: Saraiva, n. 14, p. 14, set. 1997.

VEIGA JÚNIOR, Celso Leal da. A Lei n. 9.958 de 12 de janeiro de 2000 – Alguns questionamentos práticos em decorrência da instituição e funcionamento das comissões de conciliação prévia. *Suplemento Trabalhista LTr* 029/00, p. 141.

WATANABE, Kazuo. *Controle constitucional*. São Paulo: Ed. RT, 1980.

Índice Remissivo

Argentina 17.2.1
    assistência na rescisão contratual 14.2
    comissões sindicais, 8
    composição 6
    conciliação 2
    condição da ação 10.1
    constituição 5.2
    contribuição previdenciária 14.6
    custos 12
    denominação 7.1
    desvantagens 4.2
    direito estrangeiro 17.2
    direito internacional 17.1
    eficácia liberatória 14.5
Espanha 17.2.2
    espécies 5.1
Estados Unidos 17.2.3
    falta de acordo na audiência 10.2
Finlândia 17.2.4
França 17.2.5
    garantia de emprego 7.2
Grã-Bretanha 17.2.6
    histórico 1
    inquérito para apuração de falta grave 7.3
    interrupção do contrato de trabalho 7.4
    introdução 14.1

Itália 17.2.7
    matéria 11
    natureza jurídica 3
    núcleos intersindicais 9
OIT 17.1.1
    prazo prescricional 15
Portugal 17.2.8
    procedimentos 13
Suíça 17.2.9
Suécia 17.2.10
Súmula 41 do TST 14.3
Súmula 330 do TST 14.4
Uruguai 17.2.11
    vantagens 4.1
    vigência 16